By your side

STELLAR & SONATA

Hyundai Motor Company
RETRACE

현대자동차 사내 스텔라 & 쏘나타 추억공모전을 통해 모은 사진들.
오래되고 익숙한 이야기 속에서 함께 했던 소중함을 다시 한번 들여다봅니다.

Our memories with
STELLAR & SONATA

오랜 시간 우리 곁에 함께한 스텔라와 쏘나타

스텔라 88로 시작한 나의 첫 차. 연년생 둘째 아들이 태어난 뒤 중고차로 구매했어요.
트렁크에 앉은 아들이 첫째이고, 엄마 품에 있는 아기가 둘째인데, 어느덧 둘째가 올해 장가를 가요.

스텔라 앞 어린 딸의 모습을 추억하며, 아버지가 사랑하는 딸에게 띄우는 시.

깜깜한 밤하늘에 촘촘히 박혀있는 수많은 별들 중에 너는 내게 가장 밝게 빛나는 별이다.
내 어둠이 짙어질수록 더욱더 밝게 빛나는 나의 별아, 너로 인해 나는 마치 우주라도 된 것처럼 행복했다.
내 젊음을 온전히 네게 전할 수 있어서 행복했다. 야속한 세월이 이렇게나 흘러 어느덧 너도 우주가 되었구나.
그래도 내 맘속에 영원히 밝게 빛날 나의 작은 별.

아버지가 뽑은 첫 새 차 쏘나타 II(Y3)로 설악산을 자주 갔어요. 설악산 갈 때 들린 휴게소에서 저희 삼 남매와 어머니가 함께 찍은 사진이에요.
그땐 산 가는 게 참 싫었는데 나이가 들면서 산이 좋아지니, 쏘나타 II(Y3)를 타고 가족들과 등산하던 어린 시절이 종종 떠올라요.

By your side

"길이 없으면 길을 찾고, 찾아도 없으면
길을 닦아가면서 나가면 된다."

- 故 정주영 창업회장

온 가족과 바다로 여행을, 친구들과 주말 드라이브를. 누군가와 차를 타고 일상을 나누고 싶었던 그 시절, 현대자동차는 함께 타는 차를 만들었습니다. 더 좋은 차를 더 많은 이들과 나누기 위해 새로운 기술에 도전하고 색다른 디자인을 시도하며, 낯선 시장 너머까지 길을 닦아 나갔습니다.

오래된 관계를 떠올릴 때 가장 먼저 스치는 얼굴은 누구인가요? 늘 곁을 지켜준 가족, 같은 속도로 걸어온 친구, 마음을 나눈 사람. 때론 당연하게 느껴지지만, 우리 삶 깊숙이 들어와 많은 변화를 함께하기에 더 특별할지 모릅니다. 우리에게 스텔라와 쏘나타도 그런 존재였습니다. 오래되어서 익숙하지만 사실은 항상 함께하며 멀리 갈 수 있도록 길을 닦아주었던 차. 현대자동차의 여정에 깊이 닿았듯 고객의 삶에도 소중한 기억으로 자리하길 바랍니다. 기술의 발달로 연결은 쉬워지고 끊김은 더 빨라진 오늘날, 스텔라와 쏘나타를 통해 오래된 관계가 남긴 의미와 가치를 들여다봅니다.

현대자동차는 헤리티지를 통해 자동차와 함께한 시대를 발굴하고, 미래 모빌리티가 만들어갈 내일의 영감을 전합니다. 더 많은 사람들이 더 좋은 차를 타길 바랐던 창업 정신 아래, 우리의 60여 년간의 여정에는 수억 개의 삶과 이야기가 담겨 있습니다. 고객과 함께 달려온 길을 돌아보는 일은 인류의 더 나은 미래를 위한 나침반이 됩니다.

Contents

STELLAR & SONATA

Growing deeper

오래될수록 깊어지는 것   글 정우성

over the years

아빠가 새 쏘나타를 타고 귀가하던 날의 저녁 분위기가 생각난다.
엄마에게 운전을 배우던 주말에도, 친구들과 처음 떠났던 장거리 여행도 쏘나타와 함께였다.

감색 쏘나타와 아빠의 표정

친구랑 놀던 골목길 저 앞 어귀에서 감색 쏘나타 한 대가 미끄러지듯 들어왔다. 보닛이 반사한 해 질 녘 햇빛이 연못처럼 찰랑거렸다. 낯선 차 운전석에는 아빠가 있었다. 양손으로 운전대를 쥐고 부드럽게 창문을 내린 아빠는 나와 눈이 마주치자 윗니가 반짝이도록 웃었다.

"우와 아빠. 이게 새 차예요? 예쁘다. 차가 예뻐요."

"잘 샀지?"

"그런데 왜 이 색을 샀어요? 좀더 밝은 거 안 사고?"

짙은 감색 쏘나타. 대체로 단정한 가운데 차를 중심에 두고 빙 둘러 걷다 보면 빛의 각도에 따라 그 깊은 색이 다채롭게 펼쳐졌다. 매일 교단에 선 아빠가 자주 입는 슈트 같기도 했다. 그때 나는 아홉 살 즈음이었고, 친구와 도로를 달리는 자동차 이름 빨리 맞추기 같은 걸 하면서 놀던 호기심 많던 아이였다. 새 차를 앞에 두고 궁금한 게 너무 많은 아들에게 아빠는 말했다.

"좀 눈에 안 띄는 게 더 예쁜 것 같아서. 그래야 안 질리고 오래 탈 수 있을 거야."

이날 아빠의 한마디가 아직도 예쁨과 덜 예쁨 사이에서 얼마나 많은 선택의 기준이 되는지. 한눈에 예쁜 것과 지켜봐야 예쁨이 보이는 선택지 사이라면 무조건 후자를 고른다. 한눈에 예쁜 건 결국 질리기 때문이다. 수수해 보이지만 내 마음에 쏙 들어온 물건을 선택했을 때 후회한 적은 한 번도 없었다. 오래오래 익숙하게 길들여져 애착이 듬뿍 담긴 보물이 되었다.

30대에 첫 차로 포니를 샀던 아빠는 쏘나타와 함께 40대가 되었다. 그사이 아빠에겐 얼마나 많은 일이 있었을까? 포니와 함께 연립주택 2층에 살던 우리는 마당이 있는 2층 단독주택으로 이사를 한 참이었다. 엄마에게는 넓어진 집만큼이나 넓어진 차도 행복이었다. 앞좌석을 널찍하게 뒤로 밀었는데도 뒷좌석에 앉은 우리 삼 남매의 공간이 전혀 좁지 않았다. 엄마가 평소보다 한 톤 정도 높아진 목소리로 물었다. 누나들도 신이 나서 대답했다.

"이렇게 해도? 이렇게 뒤로 가도 안 좁아?"

"넓어요 엄마, 진짜 넓어."

주말 가족 드라마의 한 장면 같았던 시간들. 열심히 일하면 집도 넓어지고 차도 커지던 시대였다. 1988년 서울 올림픽을 성공적으로 치른 한국의 경제 성장이 대호황을 맞이한 바로 그때이기도 했다. 2세대 쏘나타(Y2)의 인기는 선풍적이었다. 마이카 시대 중산층의 상징이 되었다. 그날 저녁 우리 집에서 느껴지던 묘한 분위기는 아마 안정감이었을 것이다. 고향에서 거의 무일푼으로 상경한 20대 부부가 연립주택이라는 주거 환경을 거쳐 마당이 있는 2층 단독주택으로 옮긴 후 마침내 쏘나타의 오너가 되던 날의 평온한 성취감 같은 것. '이 정도의 삶이라면 앞으로도 썩 괜찮지 않을까.' 생각하며 마침내 한 숨 돌릴 수 있게 된 것이었다. 엄마와 아빠에게 그게 얼마나 뿌듯한 이벤트였을지. 그때의 나는 알 길이 없었다.

그날 이후 우리 집의 거의 모든 이동은 쏘나타와 함께였다. 방학이 되면 가족여행을 떠났다. 경주에서 먹었던 김치찌개, 불국사에서 아빠에게 들었던 설명 같은 것들이 아직도 생생하다. 12월이나 1월의 주말에는 새벽부터 아빠를 졸라 스키장에 갔다.

"여보, 우성이가 스키장 가자고 조르는데?"

"둘이 한 번 다녀와요."

이런 대화를 내 방에서 조용히 듣고 있던 새벽 6시 반 즈음. 마침내 아빠와 함께 스키복을 챙겨 입고 차고에 가면 스키 두 벌을 캐리어에 싣고 조수석에 앉자마자 이내 잠들곤 했다. 두 시간 남짓 달려 9시 즈음 도착하면, 아빠와 함께 꼭대기로 올라가 오후 5시까지 신나게 타고 놀던 겨울의 날들.

그렇게 아들과 함께 주말을 보낸 아빠는 다음 날 출근길이 너무나 피곤하지 않았을까. 돌아오는 길에는 졸음이 쏟아지지 않았을지를 이제 와서 생각해보기도 한다. 내가 기억하는 건 조수석의 편안함, 아빠가 틀어놓은 히터의 노곤함과 깊은 잠뿐이었다. 아빠가 기절하듯 잠든 나를 안고 들어가던 밤엔 집에 도착했음을 알면서도 눈을 뜨지 않았다. 너무 좋아서. 그렇게도 편했으니까.

당연히 멀어지는 것들에 대하여

우리 가족이 쏘나타와 함께하는 동안 누나들은 사춘기부터 대학 입시까지를 겪었다. 포니 뒷좌석에 쪼르르 앉던 우리 삼 남매는 이제 조금 더 넓은 공간을 갖게 되었지만 누나들은 이제 조금씩 각자의 시간을 원하기 시작하는 때가 되었다. 토요일 가족 외식 대신 독서실을 선택하는 날이 점점 많아졌다. 대학생이 된 후에는 각자의 약속으로 바빠졌다.

다섯 가족이 함께하기에는 모자람이 없는 차를 갖게 된 후, 모두가 함께 즐거울 수 있는 여가는 그렇게도 짧을 거라는 사실을 그때의 아빠는 알고 있었을까? 해맑고 성실했던 아홉 살 아이는 쏘나타와 함께 자라며 대학생이 되고 면허도 따고 운전도 배웠다.

"엄마, 이번 주말에 쏘나타 좀 빌려주실 수 있어요?"

대학생이 되자 가족 대신 친구와 보내는 주말이 늘었다. 그사이 아빠차는 그랜저 XG가 되었고 운전은 주로 엄마에게 배웠다. 택시가 급하게 내 차선으로 치고 들어올 땐 살짝 브레이크를 밟아 양보해 주는 게 매너라는 사실, 앞차와의 간격을 안전하게 설정하는 법, 가속 페달을 깊숙히 밟아 빠르게 달리는 건 누구나 할 수 있으니 운전에서 중요한 것은 결국 평화와 안전이라는 것도 엄마에게 배웠다.

"이번 주말에는 어디로 갈 건데?"

"여수…? 한 2박 3일 정도 될 것 같아요."

입대를 앞두고 친구들과 떠나는 여행이었다. 여수가 고향인 친한 형과 울산이 고향인 친구를 쏘나타에 태우고 고속도로를 신나게 달려보자는 심산이었지만…. 운전석에서 누군가를 책임진다는 사실이 그 정도의 부담이 필요하다는 걸 그 여행에서 배웠다. 고속도로를 수 시간 달리는 동안에도 차선을 거의 바꾸지 않았다. 시속 100km로 정속주행 하면서 시선은 앞차에만 고정하고 있었다. 친구들이 잠든 차 안에 들리던 숨소리. 잔뜩 힘이 들어가서 어깨가 결려오던 오후 2시경. 잠이 와도 눈을 부릅뜨고 오로지 직선으로 달리던 그날의 드라이브가 나와 쏘나타의 첫 번째 장거리 여행이었다.

하지만 여행은 운전자를 성장시키는 법. 돌아오는 길에는 내 몸처럼 편안하게 다룰 수 있었다. 피곤할 땐 쉬고 필요할 땐 호쾌하게 달렸다. 여행 이후에는 시간이 날 때마다 내 차처럼 타고 다녔다. 그때 만났던 여자친구를 집까지 바래다주던 밤에도 쏘나타에서 아쉬워했다. 엄마, 아빠를 모시고 저녁 식사를 하러 나가는 주말에도 운전석에는 내가 앉는 것이 자연스러워졌다. 부모님을 모신다는 생각으로 한껏 뿌듯했지만 그 역시 영원하지는 않았다.

졸업 즈음 일간지 기자가 되었을 때부터는 시간이 증발한 것 같았다. 그냥 바빴다는 말로는 뭔가 모자라는 일정. 그때의 일상은 흡사 진공 상태에 가까웠다. 취침 시간은 하루에 3-4시간으로 줄었다. 나머지는 거의 취재하거나 취재원과 만나거나 기사를 쓰는 시간. 신문사에서 새로 만난 동기들 외에는 관계를 이어갈 여유도 없었다. 쉬는 날은 토요일 하루였는데, 그날은 모자란 잠을 보충하다 가족과 저녁을 함께하는 정도였다.

신문사를 거쳐 패션 매거진 에디터가 되어 다시 몇 년을 보내는 동안에도 비슷했다. 일을 해야 할 때는 일 때문에, 놀 때는 놀아야 해서 시간이 없었다. 그 와중에 인간관계는 팽창하다시피 했다. 금요일 저녁이 되면 다양한 곳에 지인들이 있었다. 합정, 경리단길, 가로수길, 이태원과 한남동…. 일하는 체력과 노는 체력이 따로 있던 30대 초반, 서울은 거대한 파티장이었다. 원래 알던 친구와 그날 처음 만난 또래들이 모여 해가 뜨는 줄도 모르고 지칠 때까지 웃던 때. 그러던 어느 날 주말 아침, 아빠가 말했다.

"우성아, 이번 주말에 쏘나타 보내줄 거야."

느닷없는 이별이었다.

"…아직 더 탈 수 있지 않아요?"

"많이 탔지. 충분히 오래 탔어."

가까워지는 게 있으면 멀어지는 것도 있고, 어떤 관계는 그냥 끝나버리기도 한다는 걸 그 시기에 알았다. 가족 같았던 쏘나타와도 이제 이별해야 했다. 어떤 친구들은 영영 보기 힘든 사이가 되었다. 대학에서 우리가 전공한 건 영어였는데 누군가는 어부가 되었다. 독일에서 갑자기 요가원을 차린 친구도 있었다. 이 모든 변화를 겪어내며 성장하는 동안 내내 충직했던 잘생긴 세단 한 대. 아빠의 성취와 가족의 안정감을 동시에 상징하던 시대의 아이콘. 우리 가족의 쏘나타와 헤어지던 날엔 아빠도 엄마도 나도 별다른 말을 하지 않았다.

오랜 시간 속에 자리한 견고한 마음

시간은 흐르고 각종 관계들이 피고 또 지는 동안 떨어지는 건 마음의 체력이었다. 실은 좀 지쳤다. 사탕처럼 달콤했다 녹으면 사라지는 관계 같은 것들. 그럴 때마다 오래된 친구의 이름을 거듭 불렀다. 고등학교 때부터 이어진 사이니까 벌써 30년 가까이 그대로인 친구. 대학과 군대를 거치는 동안 잠시 멀어졌지만 다시 만났을 땐 여전히 좋았고, 아이가 생겼을 때도 자주 볼 수 없었지만 전화할 때마다 살가운 내 친구.

오래 좋을 수 있는 관계의 조건이란 혹시 그런 거 아닐까. 자주 볼 수 없어도 각자의 자리에서 각자의 삶에 최선을 다하는 태도. 그래서 "어떻게 지내?" 물어보면 "늘 똑같지 뭐." 믿음직한 대답을 주고받으며 조금 실없이 웃기도 하는 전화 통화. 무해한 농담과 진심 어린 걱정, 가끔 약한 모습 같은 걸 보여줘도 이용당할 걱정 같은 건 전혀 없는 다정한 신뢰.

쉽지 않다. 세상은 만만치 않고 시간은 가차 없으니까 '아차!' 하는 사이 풍파에 휩쓸리고 마는 것이다. 그런데도 확인할 때마다 서로 '무탈하다' 말할 수 있는 전화 통화는 경쟁과 생존의 증거라는 걸 이제는 안다. 늘 같은 정도로 좋으려면 매일매일 혁신에 가까운 태도로 성장해야 하는 법이다. "늘 똑같지 뭐."라는, 다소 심심한 한마디는 백조의 물갈퀴 같은 것. 그 평온한 목소리를 유지하기 위해서 매일매일 한계에 가깝게 일하고 헌신해야 하는 것이다. 아빠의 아들이기만 할 때는 몰랐던 사실. 누군가의 배우자, 아빠가 되고 나서야 조금씩 알게 되는 것들이 있었다.

"아빠도 30대, 40대에 그랬어요? 엄청 피곤하면서도 못 쉬고 힘내고 가끔 아프고 그랬어?"

"그랬지. 그때 우리 쏘나타 탈 때, 야근하고 집에 오다가 너무 졸려서 남산도서관 주차장에 잠깐 내려서 자판기 커피 한 잔 마시고 공기도 쐬고 그랬지."

"그랬구나. 힘들었겠다, 아빠도."

"너무 애쓰지 마라. 몸 상할 정도로는 무리하지 말고. 항상 지금 행복한 게 최고야. 가족이 최고고."

아빠도 쉬고 싶었던 새벽에 스키장에 가자고 조르던 아들은 이제 아빠의 피로를 이해하는 나이가 되었다. 가족을 책임지고 기회와 체력이 허락하는 한 일한 결과가 지금의 안정감이라는 것에 대해서도 비로소 생각하게 되었다. 그러니까 우리 가족이 쏘나타와 함께하는 동안이었다. 한국의 중산층이라는 안정과 성취감으로 시작해 그 마음을 바탕으로 한 번 더 박차를 가하던 부모님의 젊음. 장성한 딸들이 가족의 울타리 밖에서 제각각 달리기를 시작하고, 아들의 첫 장거리 여행과 이후의 성장까지 묵묵히 이어지던 견고함과 신뢰.

가족에게 자동차란 어떤 의미일까? 1980년대의 한국과 2020년 이후의 한국은 얼마나 다를까. 그때 40대였던 아빠는 이제 70대가 되었고, 그때 초등학생이었던 나는 40대 중반이 되었다. 여전히 변함없이 무탈한 친구와는 각자의 아내와 자녀를 동반해 쇼핑몰에서 한 번 만나기로 했다. 우리는 진득하니 앉아서 커피 한 잔을 나눌 틈도 없이 각자의 아이들을 돌보느라 이리 뛰고 저리 뛰다 지쳐서 헤어지겠지. 다음에 만날 땐 글램핑이라도 같이 가자는 약속은 언제쯤 지킬 수 있을까? 이토록 평범한 일상이 실은 가장 비범하다는 깨달음이야말로 시간의 선물 같다. 그러다 어느 날 "별일 없지?" 문득 전화해 담담하게 묻는 것이다. 서로의 무탈함을 확인하며 다시금 힘을 내는 것이다.

Ever in motion

변화를 거듭하며

글 지정현 그림 권규혁

기준은 늘 기준으로 남지 않는다. 달라진 기대에 부응하려면 새로워져야 한다. 쏘나타는 우리와 함께한 시간 동안, 지금으로 충분하지 않다는 질문에 끊임없이 답해왔다. 이전보다 더 세련되고, 더 유연하게. 쏘나타는 늘 처음처럼 고민했고, 그때마다 해답을 찾아냈다. 스텔라에서 시작하여 8세대 쏘나타에 이르기까지, 해답의 역사를 짚어 본다.

쏘나타를 부른 시대

1980년대의 대한민국은 모터라이제이션의 한가운데 있었다. 1980년 약 53만 대였던 자동차 등록 대수는, 불과 10년 만에 1990년에 약 339만 대로 6배 가까이 급증했다. 넉넉해진 경제 상황 속에서 사람들은 더 넓고 쾌적한 차를 원했고, 중형차에 대한 수요도 자연스레 높아졌다. 커져가는 시장의 기대에 발맞추어, 현대자동차는 보다 고급스럽고 넉넉한 중형 세단의 필요성을 실감한다.

스텔라(Y)

양산 1983년 6월

쏘나타의 전신인 스텔라는 고급 중형차로 출발했지만, 점차 높아진 소비 수준에 발맞춰 대중적인 패밀리카로 자리 잡았다. 인기의 배경에는 직선을 강조한 쐐기형 디자인도 한몫했다. 이는 세련된 인상을 주는 동시에 공기 저항을 줄이고, 주행 성능 향상에도 기여하는 디자인이었다. 또한 당시로서는 흔하지 않던 타코미터(엔진 회전계)와 파워 윈도우(전동식 창문)를 도입해 상품성이 높았던 모델로, 포니와 함께 현대자동차의 해외 수출 시장을 개척한 주역이기도 했다.

	스텔라 1400 GSL	스텔라 1600 프리마
길이 (mm)	4,416	4,429
너비 (mm)	1,716	
높이 (mm)	1,362	
휠베이스 (mm)	2,579	
구동방식	후륜 구동(FR)	
엔진	수냉식 직렬 4기통 가솔린	
배기량 (cc)	1,439	1,597
최고출력 (ps/rpm)	92/6,300	100/6,300
최대토크 (kg-m/rpm)	12.5/4,000	14/4,000
변속기	4단 수동/3단 자동	
공차중량 (kg)	1,000	1,010

1세대

소나타(Y1)

양산 1985년 10월

'SONATA'라는 이름은 1세대 소나타(Y1)에 처음 쓰였다. 스텔라의 최고급 트림으로 당시 최대 배기량인 1,977cc의 시리우스 엔진을 넣어 출력을 높이고, 자동 조절 시트, 전동식 리모컨, 사이드 미러 등의 최신 사양을 적용했다. VIP를 위한 고급 승용차를 만들고자 국내 최초로 크루즈 컨트롤(자동 정속 주행 장치)을 적용하기도 했다. 1986년에는 국문명도 '소나타'에서 '쏘나타'로 바꾸며 중형차 기준을 넓혀갔다. 그러나 얼핏 보면 스텔라와 비슷한 외관 때문에 당시에는 '비싼 스텔라'로 받아들여지기도 했다.

	소나타 1800	소나타 2000
길이 (mm)	4,578	
너비 (mm)	1,756	
높이 (mm)	1,381	
휠베이스 (mm)	2,579	
구동방식	후륜 구동(FR)	
엔진	수냉식 직렬 4기통 가솔린	
배기량 (cc)	1,795	1,997
최고출력 (ps/rpm)	100/5,500	110/5,500
최대토크 (kg-m/rpm)	15/3,500	16.7/3,500
변속기	5단 수동/4단 자동	
공차중량 (kg)	1,225	1,255

2세대

쏘나타(Y2)

양산 1988년 6월

쏘나타(Y2)는 외관 스타일링부터 차체까지 현대차가 독자적으로 개발한 모델이다. 특히 사내 최초로 CAD 시스템을 도입해 설계 정밀도를 높였다. 초기엔 내수용으로 개발했으나, 세계 시장 진출을 결정하며 수출 전략 차종으로 전환했고, 당시 글로벌 시장 흐름에 맞춰 후륜구동에서 전륜구동 방식으로 설계도 변경했다. 또한 세계 각지의 환경에 적응할 수 있도록 개발 과정에서 62대의 시험차를 제작해 총 103만 8,000km에 달하는 주행시험을 거쳤다. 출시 직후 국내 중형차 시장의 강자로 떠올랐으며, 미국에도 진출하면서 우리 기억 속에 자리한 '쏘나타'의 본격적인 서사가 시작됐다.

	쏘나타 1.8	쏘나타 2.0
길이 (mm)	4,680	
너비 (mm)	1,750	
높이 (mm)	1,410	
휠베이스 (mm)	2,650	
구동방식	전륜구동(FF)	
엔진	수냉식 직렬 4기통 가솔린	
배기량 (cc)	1,796	1,997
최고출력 (ps/rpm)	105/5,000	120/5,000
최대토크 (kg-m/rpm)	15.5/4,000	16.2/4,000
변속기	5단 수동/4단 자동	
공차중량 (kg)	1,220	1,235

3세대
쏘나타 II (Y3)
양산 1993년 5월

쏘나타 II(Y3)는 '아버지의 자동차'라는 고정관념을 조금씩 허물어갔다. 이전보다 낮고 넓어진 디자인으로 젊은 세대를 포함해 더 폭넓은 고객에게 사랑받으며 시장 입지도 단단해졌다. '94년, '95년 중형차 최초 2년 연속 베스트셀러에 올라 쏘나타가 '국민 자동차'라고 불리는 명성을 안겨주기도 했다. 더불어 올라운드 클린 보디와 고장력 강판을 대폭 적용하고, 운전석엔 대용량 SRS 에어백을 탑재해 충돌 안전성을 높였다. 후륜에는 멀티링크 서스펜션을 적용하여 대형 승용차 수준의 주행 안정성을 확보했다.

	쏘나타 1.8 GL	쏘나타 2.0 GLS
길이 (mm)	4,700	
너비 (mm)	1,770	
높이 (mm)	1,405	
휠베이스 (mm)	2,700	
구동방식	전륜구동(FF)	
엔진	수냉식 직렬 4기통 가솔린	
배기량 (cc)	1,796	1,997
최고출력 (ps/rpm)	110/5,500	115/5,000
최대토크 (kg-m/rpm)	16.5/4,500	18.1/4,500
변속기	5단 수동/4단 자동	
공차중량 (kg)	1,260	1,265

잠깐, 쏘나타 III (Y3 F/L)도 있었습니다.

쏘나타 III(Y3 F/L)는 쏘나타 II(Y3)의 페이스리프트 모델이었다. 세 번째 넘버링을 붙일 만큼, 외관 디자인의 변화가 뚜렷했고, 1996년 모스크바 모터쇼에서 디자인 완성도를 인정받아 그랑프리를 수상했다. 또한 자동변속기, 듀얼 에어백, 오일 쿨러 등이 추가되며 상품성도 개선됐다. 시판 첫 달에만 2만 3,093대 계약되며 판매 신기록을 세우기도 했다.

4세대
EF쏘나타
양산 1998년 3월

EF쏘나타는 EFElegant Feeling라는 프로젝트 이름 아래 탄생했고, 유선형 곡선을 적극적으로 적용함으로써 기존의 중후한 이미지를 덜어낸 모델이다. 넓고 낮아진 차체로 주행 중 바람 유입을 줄여 정숙성을 한층 높이는 데 기여했고, 알루미늄을 비롯한 다양한 경량 소재를 적용하여 엔진 무게를 줄이고 연비 효율도 함께 개선했다. 또한 승차감과 조종성을 동시에 높이는 더블 위시본 서스펜션을 통해, 도로 위 노면 충격을 효과적으로 흡수하고 스티어링 휠 조작에 민첩하게 반응하는 부드럽고 안정적인 주행감을 구현해낼 수 있었다.

	EF 쏘나타 1.8	EF 쏘나타 2.0	EF 쏘나타 2.5 V6
길이 (mm)	4,710		
너비 (mm)	1,815		
높이 (mm)	1,410		
휠베이스 (mm)	2,700		
구동방식	전륜구동(FF)		
엔진	수냉식 직렬 4기통 가솔린 DOHC		수냉식 V6 가솔린 DOHC
배기량 (cc)	1,836	1,997	2,493
최고출력 (ps/rpm)	133/6,000	147/6,000	175/6,000
최대토크 (kg-m/rpm)	17.2/4,500	19.4/4,500	23.4/4,000
변속기	5단 수동/4단 자동	5단 수동/4단 자동/CVT	5단 수동/4단 자동
공차중량 (kg)	1,310		1,315

새로운 얼굴의 뉴 EF쏘나타

뉴 EF쏘나타는 EF쏘나타의 페이스리프트 모델로 2001년에 출시됐다. 차량 전면과 후면의 곡선을 유려하게 다듬어 고급스러운 디자인으로 변모했고, 품질도 크게 발전하여 국내 최초로 미국 JD파워의 신차품질조사IQS에서 중형차 부문 세계 1위라는 성과를 달성했다.

쏘나타(NF)

양산 2004년 8월

쏘나타(NF)는 유럽 스타일의 직선적인 디자인을 통해 중형 세단의 품격과 개성을 강조한 모델이다. 실내는 여유로운 공간과 우수한 거주성을 구현하며 안팎으로 완성도를 높였다. 미국 앨라배마 공장에서 생산된 첫 번째 모델로, 출시 직후 미국 교통안전국NHTSA와 신차 충돌 평가 프로그램NCAP에서 최고 안전 등급인 별 다섯 개를 획득하며, 경쟁력을 입증했다. 또한 차량 속도와 조향 각도를 실시간으로 분석하는 주행 안전성 제어 시스템을 적용해, 주행 신뢰성과 안정성을 한층 높일 수 있었다.

	N20	F24
길이 (mm)	4,800	
너비 (mm)	1,830	
높이 (mm)	1,475	
휠베이스 (mm)	2,730	
구동방식	전륜구동(FF)	
엔진	수냉식 직렬 4기통 가솔린	
배기량 (cc)	1,998	2,359
최고출력 (ps/rpm)	144/6,000	164/5,800
최대토크 (kg-m/rpm)	19.1/4,250	23/4,250
변속기	5단 수동/4단 자동	4단 자동
공차중량 (kg)	1,443	1,496

쏘나타(YF)

양산 2009년 9월

쏘나타(YF)는 현대자동차의 디자인 철학 '플루이딕 스컬프처Fluidic Sculpture'를 최초로 양산차에 적용하며, 곡선 중심의 파격적인 디자인으로 큰 화제를 불러왔다. 유체처럼 부드럽게 흐르면서도 강인함을 담아낸 디자인 언어는 쿠페 형태의 루프라인, 헤드램프에서 시작되는 크롬 몰딩, 과감하게 꺾이는 곡선 등 입체적으로 구현되었다. 부드러움과 긴장감을 조화롭게 담아낸 결과물로 당시 현대자동차의 대담한 디자인 시도와 자신감을 보여주었으며, 미국 시장에서도 독창적인 스타일로 주목받아 브랜드 인지도를 한층 끌어올렸다.

길이 (mm)	4,820
너비 (mm)	1,835
높이 (mm)	1,470
휠베이스 (mm)	2,795
구동방식	전륜구동(FF)
엔진	수냉식 직렬 4기통 가솔린
배기량 (cc)	1,998
최고출력 (ps/rpm)	165/6,200
최대토크 (kg-m/rpm)	20.2/4,600
변속기	6단 수동/6단 자동
공차중량 (kg)	1,395

7세대
쏘나타(LF)
양산 2014년 3월

쏘나타(LF)는 6세대 쏘나타(YF)의 유려한 선을 정돈해, 보다 절제되고 단아한 인상을 구축한 모델이다. '플루이딕 스컬프처 2.0' 디자인 언어를 기반으로, '본질로부터Modern Emotional Dynamism'라는 개발 콘셉트 아래 패밀리 세단에 어울리는 품격과 볼륨감, 기본기를 담아냈다. 본질에 대한 탐구는 실내에서도 이어졌다. 운전자의 편의성을 고려해 수평형 T자형 센터페시아를 적용하고, 버튼과 스위치의 감각까지 정교하게 다듬는 등 세심한 완성도를 추구했다. 또한 국내 최초로 플러그인 하이브리드 모델을 선보이며, 친환경차 전환기의 실용적 대안을 제시했다.

	2.0 CVVL	2.4 GDI
길이 (mm)	4,855	
너비 (mm)	1,865	
높이 (mm)	1,475	
휠베이스 (mm)	2,805	
구동방식	전륜구동(FF)	
엔진	수냉식 직렬 4기통 가솔린	
배기량 (cc)	1,998	2,359
최고출력 (ps/rpm)	168/6,500	193/6,000
최대토크 (kg-m/rpm)	20.5/4,800	25.2/4,000
변속기	6단 자동	
공차중량 (kg)	1,460	1,575

8세대
쏘나타(DN8)
양산 2019년 3월

쏘나타(DN8)는 기존의 패밀리 세단 이미지를 확장하여, 폭넓은 고객층과 소통하기 위해 변화했다. 3세대 플랫폼을 처음 적용해 주행과 충돌 안정성을 개선했을 뿐만 아니라, 현대자동차의 새로운 디자인 철학 '센슈어스 스포티니스Sensuous Sportiness'를 양산차 최초로 구현하기도 했다. 비례와 구조, 스타일링, 기술의 네 가지 요소가 조화롭게 어우러지도록 설계됐다. 전면부는 넓은 비례감으로 다듬어졌고, 보닛부터 이어지는 크롬 라인과 히든 라이팅 램프 같은 실험적인 디테일로 역동적이고 미래적인 인상을 완성했다.

또 한 번의 대답, 쏘나타 디 엣지(DN8 F/L)

'디 엣지The Edge'라는 모델명에서 알 수 있듯, 날카롭게 깎은 디자인이 돋보이는 페이스리프트 모델. 가장 먼저 보이는 건 가로로 길게 뻗은 심리스 호라이즌 램프로, 간결하게 이어진 라이팅이 인상적이다. 끊김 없는 디자인은 실내에서도 이어져, 현대자동차 최초로 적용된 파노라마 커브드 디스플레이가 넓게 펼쳐지며 전동화 시대의 미래적인 감각을 더했다.

	스마트스트림 가솔린 2.0
길이 (mm)	4,900
너비 (mm)	1,860
높이 (mm)	1,445
휠베이스 (mm)	2,840
구동방식	전륜구동(FF)
엔진	수냉식 직렬 4기통 가솔린
배기량 (cc)	1,998
최고출력 (ps/rpm)	160/6,500
최대토크 (kg-m/rpm)	20/4,800
변속기	6단 자동
공차중량 (kg)	1,415

The first chapter
in trial and proof

시도와 증명의 첫 단추

어느덧 한국 자동차 시장에서 너무도 당연한, 그래서 빼놓을 수 없는 존재가 된 쏘나타의 혁신은 어떻게 시작되었을까. 가족의 첫 차로, 국민들의 일상을 실어나르는 택시로, 시민의 안전을 지키는 경찰차로, 우리의 추억이 가득 묻은 지금의 쏘나타를 있게 한 첫 시도는 스텔라였다. 1980년대 초, 해외 브랜드 의존도가 높았던 국내 중형차 시장에서 스텔라로 한국 최초의 중형차 고유 모델을 개발한 현대자동차의 여정을 따라가다 보면 그 시작점에는 더 좋은 차를, 더 합리적인 가격으로, 더 많은 사람들에게 전하고자 했던 정주영 창업회장의 철학이 자리하고 있다. 40여 년 전, 모든 것이 불확실했던 한국 자동차 시장에서 한 땀 한 땀 우리 손으로 그려낸 설계 도면은 결코 당연하지 않았다.

글 송재은

과거 설계실에서 제도공들이 작업하는 모습

비로소 우리 손으로
설계한 첫 중형차

1976년, 현대자동차는 우리나라 최초의 대량 생산 고유 모델인 포니를 출시하며 한국 자동차 산업에 큰 이정표를 세웠다. '우리 손으로 만든 차'라는 자부심을 가능하게 한 첫걸음이었다. 하지만 중형차 시장은 달랐다. 1970년대 말까지만 해도 현대자동차는 외국 브랜드와 제휴해 CKD* 방식으로 포드의 중형차 코티나를 생산하고 있었고, 국내 대부분의 중형차 역시 외국 모델을 들여와 조립하는 형태였다. 타사의 기준을 따라야 하는 구조 속에서 독자적인 중형 세단에 대한 필요성과 의지는 점점 커져갔다.

정주영 창업회장의 '더 좋은 차를, 더 합리적인 가격으로, 더 많은 사람들에게 전하자.'는 철학을 바탕으로, 현대자동차는 중형차 스텔라 개발에 착수했다. 스텔라는 국내 최초로 설계부터 생산까지 주요 과정을 독자적으로 수행한 중형차였다. 설계 도면도 수작업으로 한 장한 장 직접 그렸고, 제작과 시험을 반복하며 오차가 발견될 때마다 설계를 다시 고쳤다. 낯설고 어려운 과정이었지만, 독자 기술을 쌓아가는 데 꼭 필요한 시간이었다.

*CKD(Complete Knock Down): 차량을 완성하지 않고 부품 상태로 분해해 수출한 뒤, 현지에서 조립하는 방식

스텔라 독자 개발이 가능했던 데에는 그에 앞서 축적된 기술적 경험들이 있었다. 포니의 성공 뿐만 아니라, 포니 쿠페 프로젝트를 통해 쌓은 설계 경험 또한 중요했다. 1974년 현대자동차는 토리노 모터쇼에서 자동차 디자인 회사 '이탈디자인'과 개발한 포니 쿠페 콘셉트카를 공개했고, 이후 양산을 목표로 1978년에는 네 명의 직원을 이탈리아에 파견해 설계 기술을 체득하게 했다. 비록 이후 경제 상황으로 인해 양산 계획은 중단되었으나, 이 과정을 통해 축적된 설계 노하우는 스텔라 설계의 밑바탕이 되었다.

스텔라는 현대자동차만의 감성과 효율성을 담아낸 후륜구동 중형차였다. 쐐기형 디자인은 경사를 낮게 설계한 앞유리면이 공기 저항을 낮춰 주행 성능을 개선했고, 엔진 회전수를 시각적으로 표시하는 타코미터는 국산 중형차 최초로 도입되어 이후 국내 차량 개발의 기준을 바꾸었다. 이전까지는 엔진 회전수를 확인할 방법이 없어 어림짐작으로 기어 변속을 하는 것이 당연했으니, 스텔라가 가져온 변화가 실로 컸음을 알 수 있다. 당시로서는 고급 사양이었던 파워 윈도우*까지 옵션으로 선택 가능했던 스텔라의 출시 후 반응은 폭발적이었다. 1983년 여름, 계약 접수를 시작한지 90일 만에 계약 대수가 1만 대를 넘어서는 기염을 토했다.

스텔라 개발의 성공은 단순히 현대자동차가 독자 설계로 중형차를 개발해 국내 자동차 산업을 리드했다는 의의만 가지는 것은 아니다. 현대자동차의 독자 기술 개발의 의지는 외국모델 수입 대체에 의한 외화 절약, 로얄티나 관세와 같은 간접적 원가부담을 해소함으로써 생산비를 절감하고 한국 소비자가 원하는 중형차를 더 합리적인 가격에 보급할 수 있게 했다. 스텔라는 단순한 제품이 아니라, 산업과 국가의 자존심이 응축된 결과이기도 하다.

*파워 윈도우: 수동 핸들을 돌려 여닫는 창문이 아닌 스위치에 의해 모터로 작동되는 창문

스텔라 신차 발표회

더 좋은 차를 향한 끝없는 시도

승승장구하던 스텔라에도 예상치 못한 문제가 찾아왔다. 짧은 일정 속에 긴박하게 개발된 스텔라는, 최선을 다한 결과였지만, 직접 설계한 첫 중형차였기에 보완해야 할 점이 많았다. 검증 역시 완벽할 수 없었고, 당시 부족했던 인프라도 문제가 되어 테스트 과정에서 미처 발견하지 못한 기술 결함이 발생하였다. 가장 큰 문제는 차량 내부에서 발생한 원인 불명의 화재였다. 아직 완벽하지 않았던 금형 기술 탓에 일부 차체에는 물이 새는 문제도 발생했다.

현대자동차는 약 1만 5,000대를 대상으로 대규모 리콜을 실시했으며, 비상대책위원회를 구성하여 문제 파악에 나섰다. 즉각 실시한 정밀 조사 결과, 진동으로 인해 와이어 피복이 벗겨져 전기 합선이 일어난다는 사실을 밝혀냈다. 이에 엔지니어들은 밤낮으로 집요하게 원인을 파악하고 대책을 마련해 나갔다. 설계, 용접, 도장, 실링 등 모든 공정에서 세밀한 조사를 실시하고, 전사적으로 문제를 찾아내 이를 해결하기 위한 품질 개선 작업에 매진했다.

스텔라 주행 시험 장면

초창기 부족한 인프라와 어려운 도전 상황에서 시행착오를 겪었지만, 현대자동차 내부의 발빠른 대응과 집요한 개선 노력은 한 차원 높은 품질의 자동차를 만드는 계기가 되었다. 그 결과, 1985년 스텔라 CXL을 비롯한 시리즈 모델들이 다시 시장에 성공적으로 안착했고, 중형차 시장 점유율은 50%를 넘어서며 국내 자동차 산업의 자존심으로 우뚝 섰다. 그렇게 한때 위기를 겪었던 별빛은, 스텔라STELLAR라는 이름에 걸맞게 더 선명하게 다시 떠올랐다.

스텔라는 출장, 가족 이사 등 장거리에 많이 쓰였고, 사람들에게 스텔라는 타면 '도심을 벗어나는 기분'이었다거나, '여행의 시작을 알리는 차'로 기억되곤 한다. 당시 정주영 창업회장 역시 애정을 가지고 직접 운전했던 차로도 유명하다. 자동차 커뮤니티들에서 "아버지가 스텔라 택시를 몰았다.", "대학 합격 하고 스텔라 타고 서울에 갔다." 등의 스텔라와의 추억이 담긴 회고담을 요즘도 쉽게 찾아볼 수 있다.

우리 손으로 그리고 설계한 도면으로 개발한 첫 중형차인 스텔라. 그 당시 최고 성능을 가진 차는 아니었을지라도 한국에서, 한국인의 실정에 맞는 차를 꿈꾼 현대자동차의 첫 중형차인 만큼 우리 기억에 오래도록 남겨질 수 있던 게 아닐까. 당시 추석 귀성길의 기억, 장거리 여행의 설렘, 택시와 함께한 일상 속의 장면들이 스텔라 안에 차곡차곡 쌓여 사람들의 삶에 잊지 못할 차가 되었음은 분명한 사실일 것이다.

개포영업소 쏘나타(Y2) 품평회

쏘나타,
쓰라린 경험을 딛고서

스텔라의 성공을 바탕으로 현대차는 한 단계 높은 중형차에 도전했다. 스텔라의 고급형 모델로 등장한 소나타(Y1)는 1985년 11월, 크루즈 컨트롤*과 파워시트* 등 당시 최고 사양의 고급 중형차로 개발되었다. 그러나 가격 대비 성능이 기대에 못 미쳐 일부 언론에서 '소나 타는 차'라는 조롱 섞인 표현을 듣기도 하였다.

하지만 이 쓰라린 경험은 현내자동차에게 있어 다시금 방향을 바로잡는 계기가 되었다. 당시 이미 1년 6개월에 걸쳐 이탈디자인과의 차세대 쏘나타(Y2) 스타일링 작업을 진행 중에 있었으나, 늦더라도 제대로 고객에게 필요한 차종을 개발하겠다는 다짐으로 전면 재설계를 결정했다. 스텔라와는 달리 전륜구동 방식을 택해 국내 중형차 시장은 물론 미국 시장 진출을 본격화하기 위한 준비를 다진 것이다.

차량명 또한 전 세계 딜러와 소비자 240명의 의견을 수렴해 재검토했으며, 글로벌 딜러들 사이에서 선호도가 높았던 기존 명칭 '쏘나타'를 유지하기로 했다. 이 결정에는 글로벌 시장 진출을 향한 현대자동차의 분명한 의지가 담겨 있었다.

마침내 1988년, 쏘나타(Y2)가 시장에 출시되었고, 공기역학을 반영한 스타일과 품질을 동시에 잡은 파워트레인 구성, 실내 공간의 여유 등 모든 면에서 시장의 기대를 뛰어넘었다. 개발의 어려움에도 포기하지 않고 새로운 시장을 개척하려 노력했기에, 쏘나타가 이듬해 국내 중형차 시장 점유율 45%를 차지하는 성과를 얻은 것은 어찌 보면 당연한 일이었다.

*크루즈 컨트롤: 가속 페달을 밟지 않아도 설정한 속도로 계속 주행할 수 있도록 도와주는 기능
*파워시트: 레버 대신 버튼으로 위치를 정밀하게 조절할 수 있는 전동식 시트

시도에서 증명으로

1983년 스텔라를 출시하고 10년이 지난 후, 쏘나타는 내수시장 베스트 셀러를 석권하기 시작했다. 쏘나타 Ⅱ(Y3)와 쏘나타 Ⅲ(Y3 F/L)는 각각 '95, '96 고객 만족도 최우수 상품 선정으로 그 가치를 입증했으며, 1996년 1월 발표한 쏘나타 Ⅲ(Y3 F/L)는 시판 첫 달 2만 3,093대의 계약 실적으로 판매 신기록을 세웠다. 이는 스텔라부터 쏘나타 Ⅲ(Y3 F/L)까지, 국내 시장에서 차근차근 신뢰를 쌓아온 결실이었다.

스텔라는 그 여정의 출발점이었다. 자동차 산업의 변방에 머물던 한국이 처음으로 스스로 자동차의 미래를 그려나가기 시작한 순간. 단순히 부품을 조립하던 시절에서 벗어나 설계와 플랫폼을 직접 개발하기까지, 그 모든 과정에는 하나의 철학이 깃들어 있었다.

"더 좋은 차를, 더 합리적인 가격으로, 더 많은 사람들에게."

스텔라를 만들며 품었던 신념은 쏘나타로 이어졌다. 4세대 EF쏘나타는 현대자동차만의 독자 플랫폼을 기반으로 개발되었고, 뉴 EF쏘나타는 미국 JD파워 신차품질조사IQS에서 중형차 부문 세계 1위에 오르며 우수한 품질을 인정받았다. 또한 5세대 쏘나타(NF)에 탑재된 세타 엔진은 다임러크라이슬러와 미쓰비시에도 수출되며 세계 시장에 발을 내디뎠다. 2009년 출시된 6세대 쏘나타(YF)는 유려한 곡선의 디자인 철학 '플루이딕 스컬프처Fluidic Sculpture'를 선보였고, '쏘나타 쇼크'라 불리며 타 브랜드들이 참고할 정도로 큰 반향을 불러일으켰다. 미국의 자동차 전문지 《카앤드라이버》는 당시 "학생이 갑자기 선생님이 되었다."라는 평가와 함께 쏘나타(YF)는 올해 최고의 차 10종에 선정하기도 했다.

지금까지 쏘나타는 전 세계 1,000만 대에 가까운 판매량을 기록하며 한국 자동차의 대표 주자가 되었다. 중동, 인도, 미국, 중국 등 쏘나타는 세계인의 일상을 함께 달리고 있다. 한때 별을 쫓던 이름은 어느덧 세계의 도로를 밝히는 새로운 시도이자, 집요한 증명의 상징이 되었다.

'우리의 차'라는 자긍심

해외 여행에서 마주치는 익숙한 엠블럼, 오늘날 세계 어느 나라를 가도 쉽게 만날 수 있는 현대자동차는 낯선 곳에서 긴장한 마음을 한결 누그러뜨린다. 그 만남이 당연한 것이 되기까지, 40년간 이어진 현대자동차의 도전 의식과 불굴의 노력이 있었다. 글로벌 자동차 산업의 후발주자였던 현대자동차가 해외 기술 의존에서 벗어나 독자 기술로 만들어낸 쏘나타는 한국인의 자부심이 되기에 충분했다.

"더 좋은 차를, 더 합리적인 가격으로, 더 많은 사람들에게." 단순한 이 문장은 현대자동차의 철학이자, 스텔라와 쏘나타의 지향점, 이 차를 추억하고 사랑하는 모두의 소망이기도 하다. 우리 자동차의 미래를 꿈꾸며 손수 도면을 그리고 설계했던 그 시절, 첫 시도에 따르는 우여곡절도 많았지만, 더 좋은 차를 더 많은 사람에게 선사하겠다는 정주영 창업회장의 의지는 오늘의 쏘나타에 여전히 깃들어 있다. 익숙하고 편한 길을 벗어나 누구보다 먼저 시행착오를 겪어낼 용기가 없었더라면, 쏘나타의 자리를 그 어떤 차가 대신할 수 있었을까.

쏘나타의 오랜 역사는 현대자동차의 역사로서, 질풍노도 한국 역사와 궤를 함께 해왔다. 그만큼 누구에게나 쏘나타와 함께한 추억 하나쯤은 있을 것이다. 어릴 적 같이 여행을 가자며 한 친구가 끌고 온 아버지의 차 역시 쏘나타였다. 오랜 시간 사람들의 삶을 안전하게 견인해온 쏘나타는 우리 모두의 삶과 어떤 식으로든 연을 맺고 있다. 아마도 그것이 글로벌 시장에서 현대자동차가 인정을 받을 때 마치 내 일처럼 자부심을 느끼고, 해외에서 현대자동차를 만났을 때 느끼는 반가움의 이유가 아닐까.

제2회 서울국제무역박람회에 전시된 스텔라

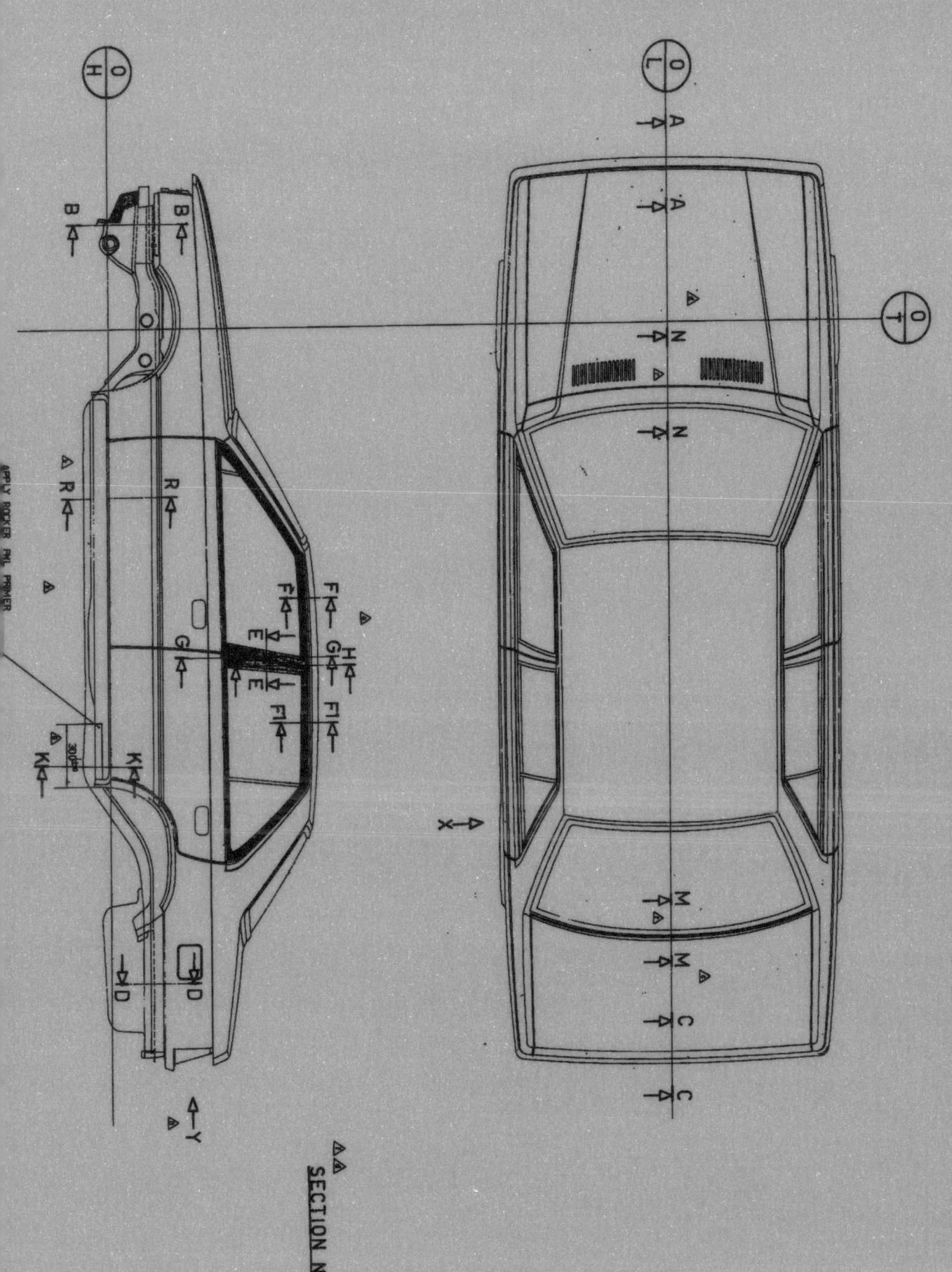

SECTION N-N

APPLY ROCKER PNL PRIMER

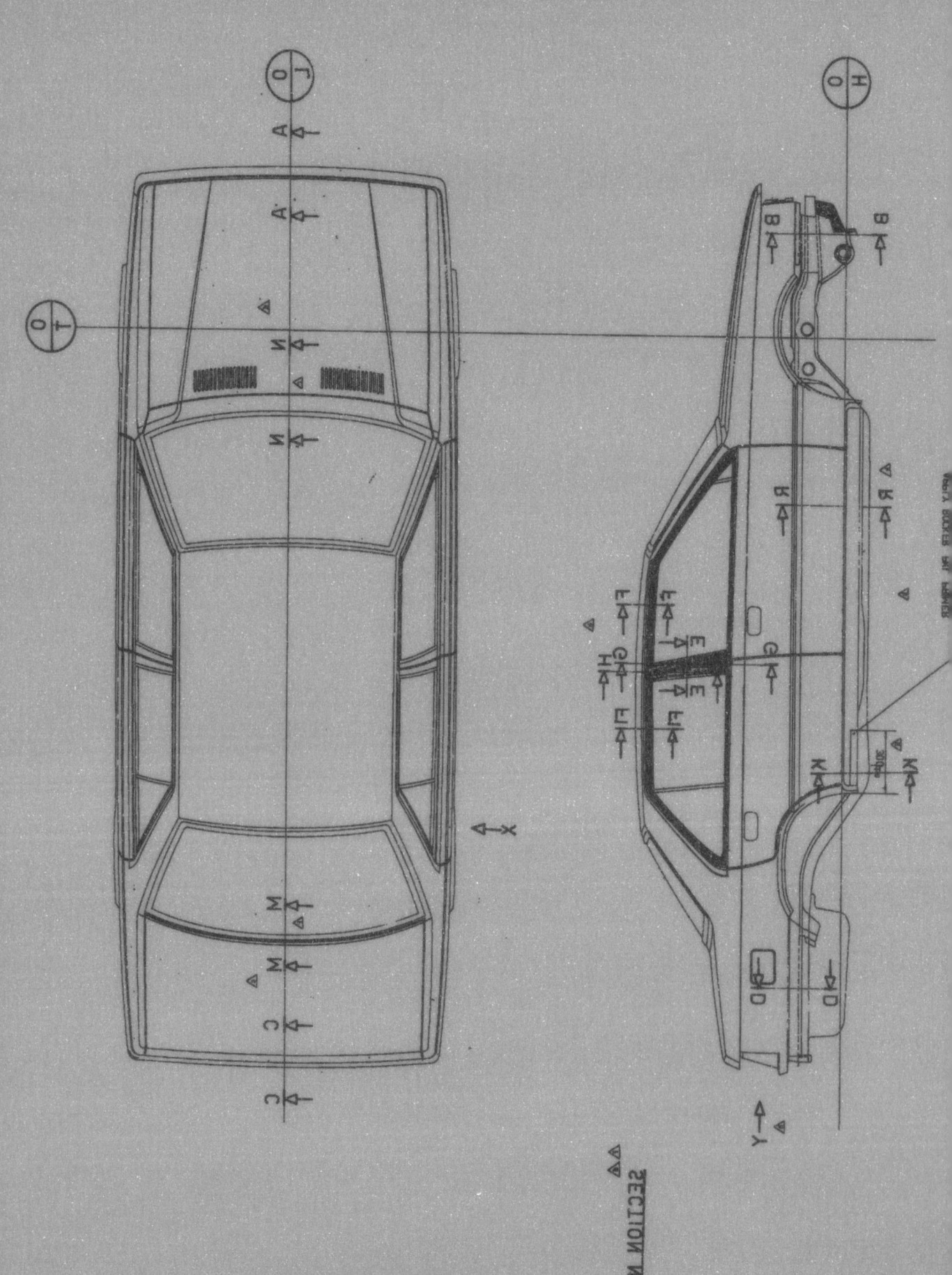

SECTION N—N

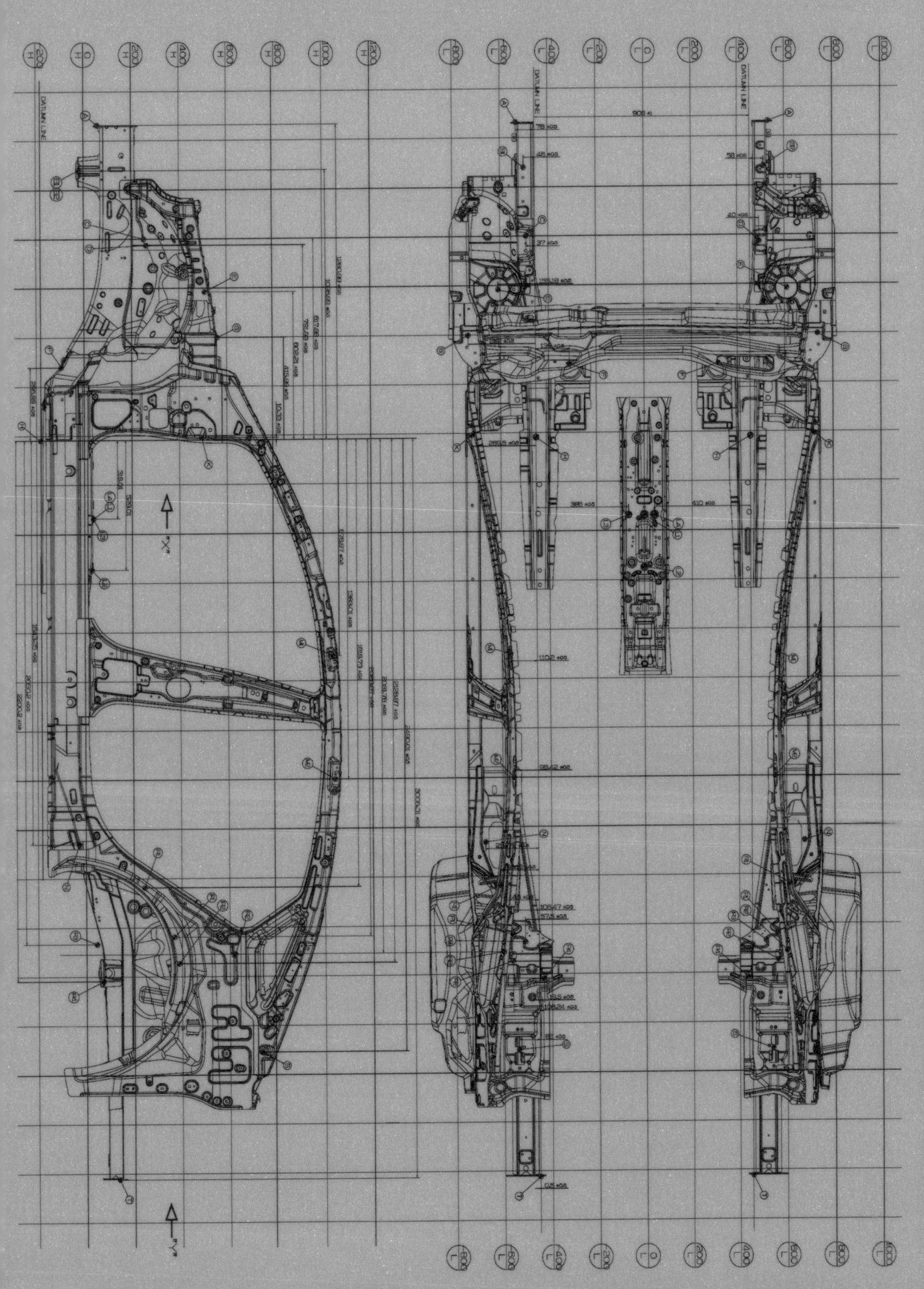

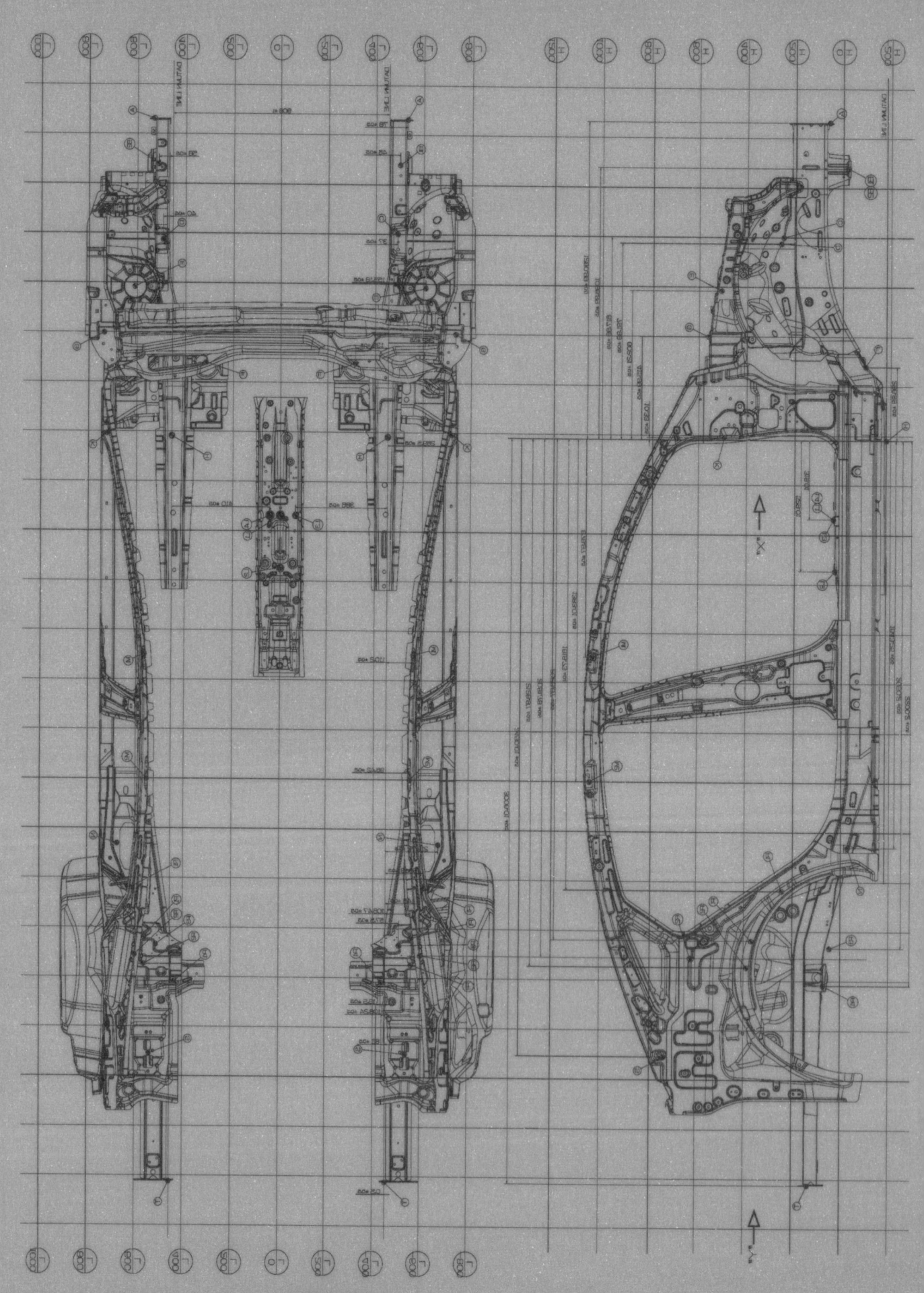

In a page

역사의 한 장면 속에서

글 이동희

# of our history

스텔라와 쏘나타는 한국 현대사의 크고 작은 순간들을 함께
지나왔다. 개개인의 추억 속 한편에 자리할 뿐만 아니라, 현대
자동차의 기술 발전에 있어서도 세대마다 큰 획을 그어온 차다.
가장 오랜 역사를 이어온 이 모델에는 우리 모두의 시간과 추억
이 담겨 있다. 이를 공유하는 것만으로도 세대를 이으며 소홀하
기 쉬운 오랜 인연에 새로운 의미를 더한다.

익숙하지만 소중하게, 세대를 이어온 쏘나타

최근 음악과 패션 등 여러 분야에서 자리한 레트로 열풍을 보면 신기하게 느껴질 때가 많다. 20년 전, 멀게는 30년 전에 유행하던 스타일의 옷과 음악이 조금의 새로움을 입고 다시 유행을 타고 있다. 1980년대와 1990년대 라디오와 TV 음악 프로에서 나오던 노래들이 리메이크 되어 2025년 가장 힙한 아이돌의 입에서 흘러나오는 것을 경험하는 일이 대표적이다. 이는 개인적으로 좋아했던 노래를 다시 듣는다는 아련한 즐거움과 함께 세대를 건너 공유할 수 있는 이야기가 생기는 일이다. 1970년대생인 필자가 2000년과 2001년에 태어난 아이들과 함께 옛날 이야기를 하며 같이 과거 방송 영상을 찾아보고 지금의 노래와 차이점을 함께 나눌 수 있는 것. 공유한다는 건 이렇게 세대를 뛰어넘는 다리가 된다.

자동차도 그렇다. 특히 수십 년 동안 한결같이 일상을 함께해온 차는 시대를 관통하는 아이콘이자 기억을 공유하는 수단이다. 우리에게는 1983년 스텔라라는 이름으로 처음 출시되어 2025년 지금까지 이어진 쏘나타가 있다. 이 긴 세월에는 기쁨과 분노, 슬픔과 즐거움이 층층이 쌓여 있다. 쏘나타는 데뷔 1년 만에 아시안게임이라는 전에 없던 국제 행사를 치렀고, 2세대가 나온 1988년에는 그야말로 세계인들의 축제인 올림픽과 함께 했다. 4세대 모델은 데뷔 직전 터진 1997년 외환위기의 고통과 2002년 한일 월드컵 4강 신화의 즐거움까지 극과 극을 경험하기도 했다. 희로애락을 함께한 쏘나타, 그 이야기를 들어보자.

(좌측부터) 도로를 달리는 엑셀, 스텔라, 포니2 ⓒ서울역사아카이브

©서울역사아카이브

1988년 서울 올림픽 개최지 투표 결과에 환호하는 유치 위원회 ©아산정주영닷컴

올림픽 개최국이 되기까지

포니의 시절인 1970년대를 지나 들어선 1980년대는 우리나라가 본격적으로 성장하던 때다. 포니가 데뷔한 1974년 1인당 약 550달러에 불과하던 국민소득은 1985년 약 2,482달러로 약 4.5배, 수출액은 43억 달러에서 약 300억 달러로 7배나 늘었다. 자동차 등록대수도 1974년 트럭과 버스 등을 합쳐 21만 대에 불과했으나, 1985년이 되며 100만 대를 돌파했고 3년만인 1988년 200만 대로 두 배 넘게 뛰기도 했다. 요즘처럼 스마트폰은 커녕 사진기도 드물던 시절이라 머릿속 기억만으로는 도로 풍경도 잘 떠오르지 않는다. 그럼에도 가끔 1970년대 풍경이라며 SNS에 올라오는 사진으로 익숙한 건물과 교차로를 볼 때, 개인택시를 하시던 작은 아버지가 88 올림픽 즈음에 '중형 택시'를 뽑으며 스텔라를 가져왔고, 그 이듬해인 1989년에 쏘나타가 우리집 첫 중형 세단으로 들어온 것만큼은 선명하게 남아있다. 스텔라와 쏘나타를 통해 중형차 시대가 열린 것을 직접 마주한 것이다.

지금은 아시안게임이나 올림픽에 대한 관심이 크게 줄었지만, 1986년 서울 아시안게임과 1988년 서울 올림픽은 정말 큰 행사였다. 특히 88 올림픽은 10여년 만에 전 세계 160개 국가가 참여했는데 1970년대와 1980년대 초 정치적·이념적 갈등을 극복해 올림픽 정신을 이룬다는 의미까지 있었다.

88 올림픽은 결코 쉽게 유치된 것은 아니었다. 당시 우리나라는 이제 막 개발 도상국으로 성장하기 시작한 시점이었고, 국제사회에서는 아직 낯선 존재였다. 이를 극복하기 위해 1980년 12월 국제 올림픽연맹 IOC에 유치 신청서를 냈고 1981년 3월, 정주영 창업회장을 88 올림픽 유치 위원회 위원장으로 뽑아 본격 활동에 나섰다. 유일한 경쟁 도시였던 일본 나고야는 이미 1964년 도쿄 올림픽을 성공적으로 개최한 경험이 있었다. 반면 대한민국은 분단국가였으며, 국가의 안정성에 대한 우려도 뒤따랐다.

이러한 우려를 바꾼 것은 정주영 위원장의 도전 정신과 현대그룹의 섬세함이었다. 새벽 4시부터 밤 11시까지 각국 IOC 위원들을 설득하기 위해 직접 나선 솔선수범은 위원들의 분위기를 바꿨다. 정주영 위원장의 아이디어로 IOC 위원들이 묵는 방의 꽃을 매일 갈아줘 섬세한 감동을 주기도 했다. 이런 노력 덕에 1981년 9월 30일 진행된 결선 투표에서 총 82표 가운데 52표를 얻어 서울 유치를 확정했다. 당시 개최지 발표는 프랑스어로 진행되었는데, 마지막에 개최 도시로 "쎄울"이라 외쳤던 장면은 지금도 생생하다.

찬란한 성화를 밝히며

1988년 8월 23일 그리스 올림피아 헤라 신전에서 채화된 성화는 8월 27일 제주국제공항에 도착했다. 부산을 거쳐 전국을 돌아 서울로 오는 20일 동안 성화에 앞서 길을 달린 차는 그해 7월 판매를 시작한 2세대 쏘나타(Y2)였다. 현대자동차는 올림픽 공식 자동차 공급업체로 선정되어 430대의 차를 제공해 의전 등 다양한 분야에 사용했는데, 그중 쏘나타(Y2)가 253대로 가장 많았고 소형 세단인 프레스토가 60대, 스텔라는 59대로 세번째였다. 특히 스텔라는 외국인 손님들을 맞기 위해 고급화된 중형 택시 정책과 맞물려 인기를 얻기도 했다.

이러한 인기에 힘입어 현대자동차는 1987년 스텔라의 고급 사양으로 스텔라 88을 출시했다. 스텔라 88은 현대자동차의 88 올림픽 공식 자동차 지정을 기념하기 위한 모델로, 과거 서울 아시안게임 때 출시했던 고급형 APEX에서 더 발전된 차였다. 차체의 색이 이어진 사이드 미러와 범퍼 상단, 고급스러움을 더해줄 격자형 그릴에 더해 88 올림픽 기념 로고까지 붙였다. 외형뿐만 아니라 편의 장비를 기본 사양으로 갖추어 올림픽과 연계된 이미지로 사랑받았다.

스텔라 전 모델은 이미 1984년부터 연간 7,000대 내외로 유럽과 캐나다 등으로 수출되고 있었고, 올림픽이 끝난 후 열기를 이어 1997년 단종될 때까지 세계 30개 국에 20만 대 가까이 팔리기도 했다. 게다가 잠실에 있던 행사 지원 서비스 센터 종합모터풀에 미국 NBC 방송팀이 방문해 미국 수출이 예정된 쏘나타를 미리 취재하는 등 홍보 효과도 톡톡히 누릴 수 있었다. 이처럼 수출 전략 차종이었던 쏘나타(Y2)를 국제 무대에 내세워 세계에 좋은 첫인상을 보인 것은 훗날 해외에서 성공하는 밑거름이 되기도 했다.

1988년 서울 올림픽 성화 봉송단 차량 지원

1988년 서울 올림픽 지원 차량 발대식

대중에게도 88 올림픽을 통해 알려진 쏘나타(Y2)는 국내에 접근하기 쉬운 중형차의 기준을 처음으로 만들었다. 플래그십 모델인 그랜저가 각진 디자인으로 권위를 세웠다면, 쏘나타(Y2)는 부드럽고 둥근 외관과 넓은 실내 공간으로 대중의 마음을 끌었다. 물론 쏘나타의 인기는 서울 아시안게임과 88 올림픽의 성공으로 나라의 위상을 높이고 개개인의 자부심을 키워준 덕분이었다.

돌이켜 보면 1989년 부모님이 프레스토를 쏘나타로 바꾸게 된 것도 아마 같은 이유가 아니었나 싶다. 출고한 지 2년밖에 되지 않은 소형 세단에서 2,000cc 중형차인 쏘나타로의 업그레이드는 엄청난 변화였다. 부모님과 대학생이었던 필자, 아직 어린 여동생과 할머니까지 꽉 채운 다섯 명이 타기에 프레스토가 좁았다는 것도 이유이기는 했다. 기억 속의 쏘나타는 옅은 하늘빛이 도는 은색에 수동변속기를 단 데다 바람개비 모양의 휠이 멋졌다. 그렇지만 이 쏘나타에는 지금도 미안한 마음이 있다. 면허를 딴 후 운전한 첫 차라 공간에 대한 감각이 없고 시야도 좁았던 터라 자잘한 사고가 많았다. 차 지붕과 보닛을 빼고 앞뒤 좌우를 모두 긁어 새로 칠했다. 30년 넘게 운전하는 동안 첫 해에 낸 사고가 나머지 기간 동안을 합친 것보다 더 많을 텐데 그걸 이 쏘나타(Y2)가 다 받아주었다.

우리나라요?
쏘나타 정도겠죠

1996년 첫 직장으로 자동차 전문 매거진에 기자로 입사했다. 사회 초년생답게 당시 가장 싸게 살 수 있는 경차를 탔다. 당시 쏘나타는 쏘나타 II(Y3)를 지나 쏘나타 III(Y3 F/L)가 막 데뷔했던 때였다. 자동차 전문 기자로서 전국에 이름을 알리게 된 기회는 1997년 여름, 쏘나타와 함께 찾아왔다. 우리 집의 차 정도였던 쏘나타와의 관계가 인생의 방향을 바꾸는 계기가 되었다.

어느 날 회사에 출근하니 현대자동차의 광고 대행사에서 기획자들이 와 있었다. 당시 국내 중형차 시장은 쏘나타 III(Y3 F/L)와 기아자동차 크레도스의 2파전에 대우자동차의 레간자가 신차 효과에 힘입어 판매 1위에 오른 상황이었다. 쏘나타에겐 돌파구가 필요했고 그에 대한 의견을 들으러 온 것이었다.

이동희 기자가 등장한 쏘나타 III(Y3 F/L) 광고

그때 꽤 긴 시간의 인터뷰를 하며 나눈 이야기는 간단했다. '쏘나타'라는 이름을 바꾸지 말라는 것이었다. 쏘나타 III(Y3 F/L) 후속으로 숫자 4가 모델명에 붙을 리는 없으니, 차 이름이 바뀐다는 소문이 돌았고, 판매 부진을 타개하기 위해 아예 새 이름의 차를 내놓는 건 그리 어려운 일이 아니었기 때문이다. 인터뷰를 하던 1997년에도 1989년 가족이 된 쏘나타(Y2)가 아직 집에 있었다. 애정을 가진 차의 이름이 바뀌는 게 싫기도 했고, 우리나라에도 해외의 유명한 차들처럼 세대가 바뀌어도 이름을 이어가는 차가 있어야 하지 않느냐고 했다. 쏘나타라는 이름이 알려진 지 10년 만에 사라지는 것이 너무 아까운 데다 전통은 하루아침에 하늘에서 뚝 떨어지는 것이 아닌 차곡차곡 쌓여 만들어지는 것이라고도 했다. 인터뷰는 그렇게 끝났다.

그런데 이게 무슨 일인가. 이후 TV 광고에 출연할 수 있느냐는 연락이 왔다. 좋은 내용을 말한 사람들을 직접 출연시켜 광고를 찍는다고 했다. 인터뷰에서 했던 말 그대로 "한 이름으로 몇십 년씩 전통을 이어가는 세계 명차들을 보면 참 부러웠어요. 그만큼 자신 있다는 이야기고, 그만큼 심혈을 기울였다는 증거지요. 우리나라요? 쏘나타 정도겠죠."라는 나의 멘트와 함께 "전통을 이어가는 차가 좋은 차입니다. 쏘나타 III."로 마무리되는 30초 광고가 만들어졌다.

공중파 TV 프라임 타임부터 도심 곳곳의 전광판까지 나갔던 광고는 꽤 성공적이었는지 예상했던 기간을 넘어 꽤 오랫동안 방영되었다. 1967년 12월 29일 창립한 현대자동차가 막 청년기를 넘어서는 30주년인 1997년에 '전통과 역사'를 이야기한 것 때문이 아니었나 싶다. 개인적으로는 지금도 어떤 세대의 쏘나타를 봐도 첫 인터뷰와 촬영 장면이 머리를 스치곤 한다. 자동차 전문 기자이자 칼럼니스트로 전 국민에게 알려진 계기가 쏘나타 덕분이니, 매일 지나며 만나는 모든 쏘나타는 나에게 특별할 수밖에 없다.

함께 위기를
건너며

나의 인터뷰 때문은 아니었겠지만, 이후 세대의 쏘나타는 이름을 유지한 채 1998년 3월 4세대 EF쏘나타가 나왔다. 이때부터 쏘나타는 현대자동차 기술의 발전을 이끄는 대표 모델로 자리 잡는다. EF쏘나타에서 처음으로 독자 개발한 중형 플랫폼과 독자 개발한 V6 2.5L의 델타 엔진을 얹었다. 소형차는 이미 독자 플랫폼과 알파 엔진 등이 있었는데, 중형급에서는 EF쏘나타가 처음이었다. 또 이 플랫폼은 대형급 그랜저 XG, 미니밴 트라제 XG와 중형 SUV 싼타페를 만드는 기초가 된다. 하나의 플랫폼으로 중·대형 세단, 미니밴과 SUV까지 만들 수 있는 기술의 상징이 되었다.

EF쏘나타는 시대에 따라 큰 굴곡을 겪기도 했다. 1997년 우리나라를 비롯해 아시아 지역을 강타한 외환위기는 막 데뷔한 쏘나타는 물론 많은 사람들에게 치명타를 날렸다. 다니던 회사도 광고 매출이 급감하고 종이 등 인쇄 제작비가 크게 오르며 휘청거렸다. 두 달에 한 번 나오던 50% 상여금이 중단되며 수입은 줄고 치솟은 기름값과 폭등한 금리 때문에 새로 산 차의 할부금을 내기도 어려웠다. 중형차가 사치처럼 여겨지던 시기라 새 쏘나타도 판매에 직격탄을 맞았다. 1996년에 새로 지은 현대자동차 아산공장은 쏘나타 생산의 거점이었지만 판매 부진을 타개하게 위해 생산직 직원들까지 판매 현장에 뛰어들기도 했다. 공장 주변에 쌓여 있는 재고를 보다 못한 마음이 행동으로 옮겨진 시기였다.

점심을 컵라면으로 때우며 어렵게 버티던 시절을 지나 1999년이 되어 쏘나타도 조금씩 판매가 회복되었다. 골이 깊으면 산이 높다고 했던가, 판매가 크게 줄었던 쏘나타는 경제가 어느 정도 회복된 1999년 2월부터 2000년 8월까지 무려 19개월 동안 국내 전 차종 판매 1위에 올랐다. 여기에 2001년 출시된 뉴 EF쏘나타는 인도와 중국에서도 생산되며 현대자동차의 세계 진출을 이끌었다.

IMF 위기 극복 기념 국군의 날 퍼레이드

Moment

4강의 꿈을
이루는 순간

현대자동차가 2002년 FIFA 월드컵의 유일한 자동차 공식 스폰서로 선정되자 2000년부터 월드컵 에디션 패키지를 추가했다. 월드컵 시합이 열리는 모든 경기장에 현대자동차의 라인업이 전시되었고 공동 개최한 일본으로 건너간 1,200대의 현대자동차 중에도 EF쏘나타가 있었다. 당시 정몽구 명예회장은 우리나라 축구 대표팀이 16강에 진출하게 되는 경우 히딩크 감독에게는 그랜저를, 대표팀 27명 전원에게는 EF쏘나타를 제공하기로 약속했다. 그런데 기적 같은 경기력을 펼친 대표팀은 무려 4강까지 올라갔고 약속되었던 EF쏘나타에서 한 등급씩 올려 선수들에게 그랜저 XG를, 히딩크 감독에게는 에쿠스가 전달되는 일이 있었다. 쏘나타가 월드컵 16강 급이었던 셈이다.

사실 14년 전의 88 올림픽은 정부의 주도로 열린 행사의 성격이 강했다. 88 올림픽 때 대학 입시를 앞둔 고등학교 3학년이었음에도 경기장 관중석을 채우기 위해 전교생이 동원되어 비인기 종목을 단체 관람하러 갔던 기억이 있다. 반면 2002 월드컵은 그야말로 온국민의 자발적인 축제였다. 공식이건 비공식이건, 우리나라 경기가 있는 날이면 종류와 상관없이 모두가 빨간색 티셔츠를 입고 목청껏 소리 질러 응원했다. 아주 가끔 흰색 펄이 섞인 EF쏘나타를 볼 때면 꼭 2열 도어 끝 플라스틱 커버를 유심히 보게 된다. 작지만 분명하게 2002 월드컵 공식 휘장과 'FIFA WORLD CUP KOREA JAPAN' 엠블럼이 있어 분명하게 구분할 수 있다. 20년이 넘은 일이지만 EF쏘나타를 만날 때면 후끈했던 월드컵의 열기까지 느껴지곤 한다. 그만큼, 쏘나타라는 이름과 차는 나의 10대의 88 올림픽과 30대의 2002 월드컵까지, 그 뜨겁고 빛나는 시절을 되살리는 마법을 발휘한다.

기억에서
기억으로

얼마 전 집 앞에서 아이들과 함께 쏘나타 III(Y3 F/L)를 만난 적이 있었다. 차의 배경을 설명하려다 떠오른 건 같은 시기인 1996년 공전의 히트를 기록했던 H.O.T의 'Candy'였다. 이 노래는 2022년 남자 아이돌 그룹인 NCT DREAM이 리메이크해 국내 음원 차트 1위에 올랐고, 다 함께 여행을 가는 먼 길에서 같이 들었다. "이 차가 그 NCT의 캔디 노래하고 같은 시기에 나왔다."라고 이야기하자 아이들이 바로 알아들으며 신기하게 생각했다. 게다가 아빠가 광고에 나왔던 차와 같은 차라는 사실은 '노래-차-가족'으로 이어지는 연결점을 찾게 된 것이나 다름없었다. 최신의 'Candy'뿐 아니라 1996년의 같은 곡과 그 시대 노래가 플레이리스트에 추가된 건 물론이다.

시대를 공유하고 관계를 이어간다는 건 이런 식이다. 우리가 삶을, 기억을 공유하기 위해서는 매개체가 필요하다. 우리 현대사의 굵직한 사건들은 쏘나타의 각 세대에 녹아 있다. 앞으로 이 아이들이 탈 쏘나타가 몇 세대가 될지는 몰라도, 데뷔부터 지금까지 40살이 된 쏘나타라면 그 역할을 충분히 할 수 있을 것이다. 그렇게 이름이 이어진 쏘나타가 우리나라 전통의 하나로, 역사의 한 기둥이 되기를 기대해 본다.

Across times
and memories

시대를 함께 건너며

글 정현지

스텔라와 쏘나타가 새 단장을 하고 세상에 나올 때마다 우리는 어떤 한 해를 보내고 있었을까. 기억을 따라가다 보면 '아 이때구나!' 하고 그 시절로 돌아간 자신을 발견하게 될지도 모른다.

1988년 서울 올림픽 참가국 국기 게양식 ⓒ서울기록원

1983

스텔라

이산가족 찾기 생방송 현장 ⓒ경향신문

온 가족이 한자리에서

널찍한 실내 공간으로 편안한 이동 수단이 되어주며 가족들의 시간을 책임졌던 스텔라처럼, 1983년에는 온 식구가 만나고 함께 울고 웃게 만드는 이야기가 많았다.

생방송 이산가족을 찾습니다 한국전쟁 33주년을 맞아 KBS에서 138일간 진행한 최장수 생방송 프로그램으로, 약 1만 189건의 이산가족이 상봉하는 기적을 실현시켰다.
제1회 천하장사 씨름대회 전국에서 300여 명의 장사들이 장충체육관으로 모였고, 이만기 선수가 첫 천하장사를 차지했다.
아기공룡 둘리 월간만화 잡지 《보물섬》의 1983년 5월호를 통해, 아기공룡 둘리가 세상 밖에 나왔다. 오래도록 사랑받는 국민 캐릭터가 탄생한 역사적인 순간이었다.

1985

1세대 소나타(Y1)

서울 지하철 4호선 개통 ©서울기록원

틀을 갖추어 나가며

지금은 익숙한 풍경도, 모두 새로웠다. 지하철로 넓어진 생활반경, 컬러 TV로 선명해진 세상. 기술과 문화가 자리 잡는 동안, 스텔라의 고급형 소나타(Y1)가 등장했다.

지하철 서울 3, 4호선과 부산 1호선 개통 출 퇴근길을 책임지는 지하철이 개통되고, 도시의 뼈대가 잡히며 일상의 거리도, 우리의 생활 반경도 점차 넓어지기 시작했다.

컬러 TV 보급 1980년에 들어서 국내 컬러 TV 시대의 막이 열렸다. 전자 상점이나 동네 유일한 컬러 TV 앞에 옹기종기 모여 앉곤 했다.

63빌딩 완공 1980년에 짓기 시작한 63빌딩이 5년 뒤 공식적으로 문을 열었다. 여의도 어디를 가도 눈에 띄는, 서울의 명실상부 도심 속 랜드마크가 생긴 해였다.

1988

2세대 쏘나타(Y2)

서울 올림픽 주경기장 ©서울기록원

하나가 되는 무대

현대자동차가 디자인부터 설계까지 주도한 쏘나타(Y2)는 한국을 대표하는 중형차가 되었고, 올림픽을 앞둔 이 시기에 수많은 문화적 상징들이 새롭게 등장했다.

1988년 서울 올림픽 개최 한국전쟁 이후 30년, 국제 행사를 치를 만큼 준비된 한국이 세계 앞에 선 순간이었다. 그 자랑스러운 무대에서 쏘나타도 함께 달리고 있었다.

전국노래자랑 MC '송해' 발탁 "전국- 노래자랑!"이라는 구호로 시작되는 이 프로그램은 우리의 늦잠을 기분 좋게 깨우곤 했다.

MBC 대학가요제 '그대에게' 대상 '무한궤도' 팀은 1988년 MBC 대학가요제에서 멤버인 신해철이 작사·작곡한 '그대에게'를 불러 최고의 영예인 대상을 받았다.

1993

3세대 쏘나타 II(Y3)

서울 압구정 로데오 거리 ©연합뉴스

취향과 개성을 담아

X세대가 패션, 음악 등 문화의 흐름을 바꾸던 시기. 쏘나타 II(Y3)가 둥근 외형으로 새로움을 보여준 것처럼, 우리 사회에도 다양하고 신선한 움직임이 가득했다.

대전 EXPO 개최 88 올림픽 이후 열린 국내 대규모 국제 행사였다. 108개의 국가에서 1,400만명의 방문으로 이례적인 흥행을 기록하며 또 한 번 한국을 전 세계에 알렸다.

대학수학능력시험 시행 대학 입시가 학력고사에서 '수능'으로 바뀌던 해였다. 시험장의 공기와 겨울 아침의 긴장감도 달라졌다.

삐삐 대중화 숫자만 표시되던 삐삐 시대. '8282', '486' 같은 짧은 숫자에 마음을 담는 방식이 생기며 문자에도 개성이 더해졌다. 단순한 기계가 아닌 관계의 매개체였다.

1996

3세대 **쏘나타 Ⅲ(Y3 F/L)**

2002년 FIFA 월드컵 유치 기념 행사 ©연합뉴스

꽃피우는 문화

쏘나타 Ⅲ(Y3 F/L)가 거리를 누비던 그 때, 월드컵 개최국 확정 소식과 함께 'www'으로 시작하는 새로운 시대의 인터넷이 우리 일상에 점차 자연스럽게 스며들기 시작했다.

2002년 FIFA 월드컵 개최국 확정 한국과 일본이 동시에 선정되었으며, 월드컵 역사상 최초의 공동 개최이자 아시아에서 열린 첫 월드컵이라는 점에서 큰 의미가 있었다.

PC통신 채팅 문화 확산 전화선으로 연결된 검은 화면 위, 닉네임으로 말을 걸던 순간. PC통신은 우리의 밤을 밝히고 멀리 있는 낯선 이들과 연결시켜 주었다.

바람의 나라 서비스 시작 4월, 세계 최장수 그래픽 MMORPG가 나타났다. 실시간 채팅으로 '함께하는 게임'의 재미를 나누게 됐다.

1998

4세대 **EF쏘나타**

PC방 문화 확산 ©조선일보

그럼에도 불구하고, 즐겁게

외환위기의 여파가 남아 있지만, 대중을 사로잡는 콘텐츠가 일상에 숨통을 틔웠다. EF쏘나타도 해외 판매가 국내를 앞서며 회복에 대한 기대를 현실로 바꿔갔다.

금강산 관광 시작 금강산 관광선 시험 운항을 시작으로 한동안 멈춰 있던 길 위에 많은 이들의 발걸음이 차곡차곡 쌓였다.

스타크래프트 출시 PC방 문화의 상징이자, '프로게이머'라는 직업을 널리 알린 게임이다. 전략 게임은 이때부터 하나의 관전 문화로 새로운 장을 열며 자리잡았다.

영화 타이타닉 한국 개봉 1912년 'RMS 타이타닉 침몰 사고'를 각색한 미국 영화다. 한국 개봉 후 107일 만에 서울 관객 약 200만 명을 동원하는 놀라운 기록을 세웠다.

2004

5세대 **쏘나타(NF)**

휴대폰 활성화 ©조선일보

명작의 탄생

현대자동차의 독자 개발인 세타 엔진을 탑재한 쏘나타(NF)가 지금도 '명작'으로 불리듯, 싸이월드와 드라마 열풍 속 오래도록 기억되는 유행이 만들어진 해였다.

휴대폰 활성화 2000년대, 휴대폰은 대표 통신수단이자 개성의 상징이었다. 그 시절 커스터마이징 문화인 '폰꾸미기'가 유행했다.

싸이월드 열풍 2001년, 싸이월드는 개인 홈페이지 서비스 '미니홈피'를 출시했다. 서로의 공간을 오가며 온라인에 관계를 남기는 새로운 방식의 소통 문화를 만들었다.

국민 드라마 방영 <대장금>, <풀하우스>, <파리의 연인> 모두 2004년에 방영되었다. 각 드라마는 시청률 40-50%대를 기록하며 많은 관심과 사랑을 받았다.

2009

6세대 쏘나타(YF)

신규 발행된 5만원권 ©뉴시스

기억하는 감각의 변화

렌즈로 일상을 찍고, 3D 영화가 스크린의 깊이를 바꾸던 그 해. 쏘나타(YF)는 곡선의 미감을 앞세워, 이미지로 각인되는 그 시대의 흐름에 나란히 함께했다.

SNS 확산 SNS 등장과 함께 우리는 더 넓게 관계를 맺기 시작했다. 짧은 글과 사진으로 생각을 나누며 새로운 연결의 시대를 열었고, 이는 소통 방식에 큰 변화를 가져왔다.

영화 아바타 개봉 단순히 흥행을 넘어, <아바타>는 3D 영화 역사상 유례없는 인기로, 이후 세계적으로도 3D 영화제작이 본격적으로 활성화되었다는 의의가 있다.

오만 원권 발행 고액권이 처음 등장하며, 지갑 속 숫자의 감각도 달라졌다. 신사임당과 첨단 보안 기술이 더해진 새 화폐였다.

2014

7세대 쏘나타(LF)

스마트폰 보편화 ©연합뉴스

다르게 보는 방식

혁신을 거듭해오던 쏘나타는 관점을 바꿔 7세대부터 안전성이라는 본질에 집중했다. 이 시기 스마트폰이 일상이 되고 색다른 시각을 제시하는 콘텐츠가 등장했다.

스마트폰 보편화 2000년대 출시되었지만 여전히 아날로그와 디지털의 경계점에 있다가, 2014년 이후 완전히 보편화되었고, 일상의 거의 모든 순간에 깊숙이 자리 잡았다.

영화 겨울왕국 개봉 국내에서 애니메이션 영화로 처음 천만 관객을 돌파하며, 어린이뿐만 아니라 모두가 OST를 흥얼거리게 만들었다.

리그 오브 레전드 월드 챔피언십 국내 개최 우리나라에서 비공식 명칭으로 '롤드컵'이라고 불린다. 2014년 국내에서 처음으로 개최되어 e스포츠의 서막을 알렸다.

2019

8세대 쏘나타(DN8)

평창 동계 올림픽 개최 ©연합뉴스

함께 나눈 뜨거운 열기

올림픽의 함성과 월드컵의 열기, 그리고 BTS의 무대. 우리가 뜨겁게 움직이던 날, 쏘나타(DN8)는 스포티한 감성과 젊은 에너지로 그 순간을 힘차게 함께 달렸다.

평창 동계 올림픽 개최 눈 덮인 강원도에 걸린 오륜기. '하나된 열정'이라는 슬로건 아래, 전 세계의 함성이 모여 겨울을 뜨겁게 달궜다.

러시아 월드컵 조별 예선 탈락에도, 독일전에 열광했다. 강력한 우승 후보를 2:0으로 이기며 '불굴의 의지'를 보여주었기 때문이다.

세계로 닿은 K-POP 열풍 가수 BTS의 노래가 빌보드 차트를 뒤흔들며, K-POP은 전 세계 팬들과 함께 부를 수 있는 노래이자 하나의 문화 아이콘이 되었다. 이후 드라마, 영화로도 확산되며 K-컬처의 영향력이 커졌다.

How is your "S" doing?

당신의 S는 안녕하신가요?

글 박한빛누리 사진 스튜디오 소설

1990년대 후반, 거리엔 테크노 음악이 흘러나왔고, 청바지는 더 헐렁해졌으며, 소위 '오렌지족'이 압구정 로데오를 가로질렀다. 하지만 그 화려함 너머로, 많은 집의 식탁 위에는 신문 가득 펼쳐진 경제 기사와 수능 예측 표가 나란히 놓여 있었다. 학력고사에서 수능으로, 검정색 연필 대신 마킹 펜으로. 시스템은 바뀌었고, 입시는 더 정교해졌다. 입시는 전쟁이었지만, 동시에 탈출구였다. 다수가 공부만 잘하면, 지금의 이 불안정한 현실을 벗어날 수 있다고 믿었다. 쏘나타 뒤의 S를 떼어다가 책상에 붙이면 서울대에 간다는 말도 안 되는 이야기가 돌던 시절. 우리는 막연한 미래에 희망을 걸 만큼 순수한 시대를 보냈다.

As it was known then

그 시절, 그렇게 불렸다

쏘나타라는 이름은 하나지만, 그 안에 담긴 메시지는 시대마다 달랐다. 클래식 음악의
소나타 형식이 그러하듯, 역시 하나의 정체성을 세대마다 다른 방식으로 연주해 왔다.
기술로 자신을 정의하고, 신뢰로 관계를 맺으며 우리와 함께한 시간들. 쏘나타는 단일
모델이라는 범주를 넘어, 현대자동차가 시대와 공명하는 방식이었다. 그 이름을 걸고
던져온 수많은 메시지에는, 함께 살아온 시간에 대한 태도와 관점이 담겨 있다.

글 지정현

변주되는 이야기처럼

소나타Sonata는 클래식 음악에서 사용되는 용어로, '연주하다'라는 뜻의 라틴어 'sonare'에서 유래했다. 다양한 전개와 변주를 거쳐 다시 처음의 주제로 돌아오는 형식을 일컫는데, 본질을 잃지 않고 끊임없이 진화해온 자동차 쏘나타와도 닮아있다.

'쏘나타'로
발음해야 합니다

'Sonata'의 국문 표기는 '소나타'다. 가수 아이비의 히트곡 '유혹의 소나타'처럼, 대체로 소나타로 적는다. 그런데 현대자동차의 SONATA는 '쏘나타'로 표기된다. 워낙 익숙한 차량이라 의문조차 가지지 않았지만, 굳이 된소리로 바꾼 이유가 문득 궁금해진다.

'소'가 '쏘'로 바뀐 사연은, 현대자동차의 중형 세단 '스텔라STELLAR'로 거슬러 올라간다. 1983년 출시된 스텔라는 프리미엄 세단 시장을 겨냥한 중형차로, 브랜드의 플래그십 모델로서 '수준 높은 차'라는 인상을 주기 위해 '별'을 뜻하는 라틴어 'stellaris'에서 이름을 따왔다. 스텔라의 최상위 트림 모델명이 바로 '소나타SONATA'였다. 이때까지만 해도 '쏘나타'가 아니라, 분명히 '소나타'였다.

최신 기술이 적용됐지만 가격이 오르면서 기존 스텔라보다 매력이 떨어졌고, 외관에도 큰 변화가 없어 대중에겐 '비싼 스텔라'로 여겨지곤 했다. 배우 신성일이 1호 차를 출고하며 주목을 받기도 했지만, 소비자 인식은 쉽게 바뀌지 않았다.

이름값을 제대로 하지 못하고 잊힐 뻔했던 '소나타'는 1988년 양산된 쏘나타(Y2)에 이르러 많은 부분이 달라졌다. 기술과 디자인을 새롭게 정비하며 브랜드의 기준을 다시 세운 모습으로 돌아온 것이다. 1986년부터는 국문명을 '쏘나타'로 바꾸고, 그 이름에 걸맞는 주인공이 되기 위해 앞을 향해 쉼 없이 달려왔다.

포부를 말하자면

승용 모델로는 국내 최장수 차량인 쏘나타. 이름은 하나지만, 세대별로 지향하는 가치는 조금씩 달랐다. 같은 곡이라도 누가 연주하느냐에 따라 감상이 달라지는 것처럼, 쏘나타도 각 세대만의 언어로 사람들과 소통했다. 시대마다 달라진 쏘나타의 목소리는 무엇이었을까. 당시의 광고 카피를 통해 그 메시지를 차례대로 짚어본다.

스텔라

비장한 카피다. 그럴 만도 하다. 포니가 대량생산 체계에서 양산된 첫 국산 고유 모델이었다면, 스텔라는 독자 설계를 본격적으로 시작한 모델이었다. '독립'이라는 단어는 중형 세단 시장을 향한 현대자동차의 자신감이자 포부였다.

1세대

소나타(Y1)

소나타의 시작은 '고급 스텔라'였다. 예나 지금이나 '고급'은 귀빈을 위한 단어였고, 소나타는 최신 기술을 접목해 저변을 넓히고자 했다. 당시 기준으로 넉넉한 출력의 2,000cc 엔진, 파워 핸들, 파워 브레이크, 크루즈 컨트롤 등은 'VIP 승용차'라는 표현에 손색없는 사양이었다.

2세대

쏘나타(Y2)

쏘나타(Y2)는 21세기를 향해 나아가는 하이테크 세단으로 묘사됐다. 전륜 구동으로 설계된 넓은 실내 공간은 당시 보기 드문 구성으로, '작은 우주'라는 표현이 붙기도 했다. '처음 당신을 만났을 때'의 감동을 전하는 문구는 오래된 관계의 가슴 뛰는 첫 만남을 떠올리게 한다.

중형세단의걸작
쏘나타

神·話·創·造

더 이상의 만족은 없다 —
첨단기술의 정수만을 집결시킨 완벽한 메카니즘,
탁월한 정숙성, 안락한 승차감이 전하는 최상의 드라이빙 감동 —
**7년 연속 동급 최다판매의 神話를 만들어 온
중형 세단의 걸작-「쏘나타」**
세계정상의 기술과 품질로
쏘나타의 神話는 앞으로도 계속 될 것입니다.

좋은 환경, 좋은 차
현대자동차

2002
World Cup Korea
조국에는 한마음을, 보훈에는 온사랑을

3세대

쏘나타 II(Y3)

전작의 성공은 쏘나타 II(Y3)까지 이어졌다. 이제는 중형 세단의 기준을 단단히 세울 차례였다. '신화를 창조하겠다'는 포부는 높아진 안전성으로 이어졌고, 1995년에는 고객 만족 최우수 상품으로 선정되며 시장의 신뢰를 얻었다.

3세대

쏘나타 III(Y3 F/L)

쏘나타 III(Y3 F/L)의 무대는 세계였다. 해외 성당을 배경으로 신부에게 고해성사를 하는 위트 있는 대사에서 자신감이 엿보인다. 중형차를 신중하게 선택하라 당부하며, '후회없는 선택'이라고 외치는 메시지에는 어느덧 한국차의 대명사가 된 쏘나타의 품격이 느껴진다.

4세대

EF쏘나타

EF쏘나타에 이르러, '쏘나타'는 해외에서도 신뢰할 수 있는 이름으로 자리 잡았다. '드림 테크놀로지'라는 카피에는 현대자동차의 기술력에 대한 자부심이 담겨 있다. 기능을 나열하는 대신, '모든 것이 살아 움직인다'는 표현에서 빈틈없이 완성된 자동차라는 자신감이 배어 나온다.

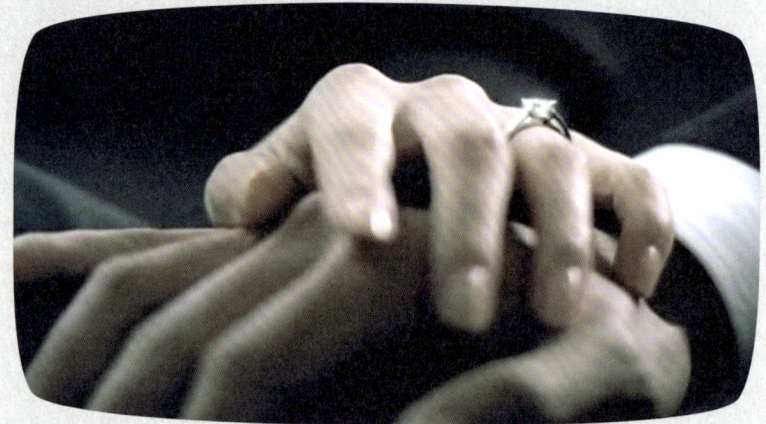

5세대

쏘나타(NF)

21세기에 들어서며 쏘나타는 명차의 기준을 라이프스타일이 완성되는 공간으로 정의했다. '수줍게 받아 든 반지보다 쏘나타 안에서 속삭인 사랑이 더 소중하다'는 말처럼, 쏘나타는 한 사람의 삶이 이어지는 자동차였다.

비 오는 날엔

시동을 끄고
30초만 늦게
내려볼 것

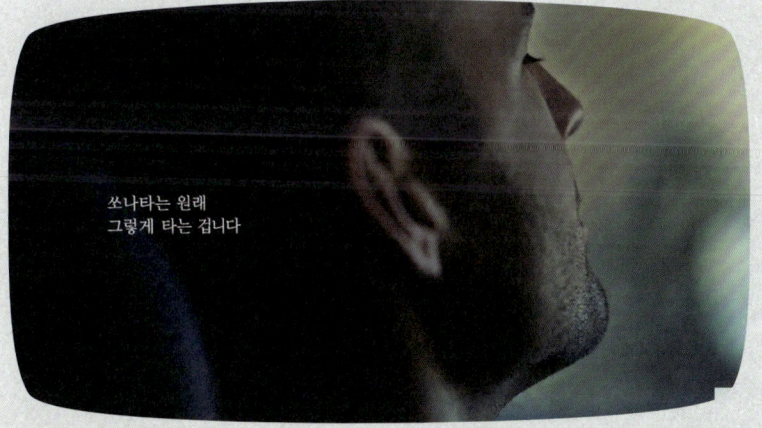

쏘나타는 원래
그렇게 타는 겁니다

6세대

쏘나타(YF)

자동차 광고인데, 자동차가 보이지 않는다. 짧은 프레임으로 분절된 장면들은 일상 속 쉽게 지나칠 수 있는 순간들로 채워져 있다. '비 오는 날엔 시동을 끄고 30분 늦게 내려볼 것. 새벽엔 창문을 내리고 바람을 맞을 것.' 쏘나타(YF) 광고는 그런 감각들을 '타는 방식'이라 표현하며, 차 안에서 보내는 순간에 집중할 것을 권유한다.

7세대

쏘나타(LF)

좋은 자동차는 사람의 안전한 이동에서부터 출발한다. 쏘나타(LF)는 이 기본에 집중해 'Run, Turn, Stop, Protect'라는 네 가지 주행 가치를 전면에 내세웠다. 운전자라면 누구나 공감할 만한 이 네 단어는, 주행 안전성과 편의성을 강화한 쏘나타(LF)의 방향성과 맞닿아 있다.

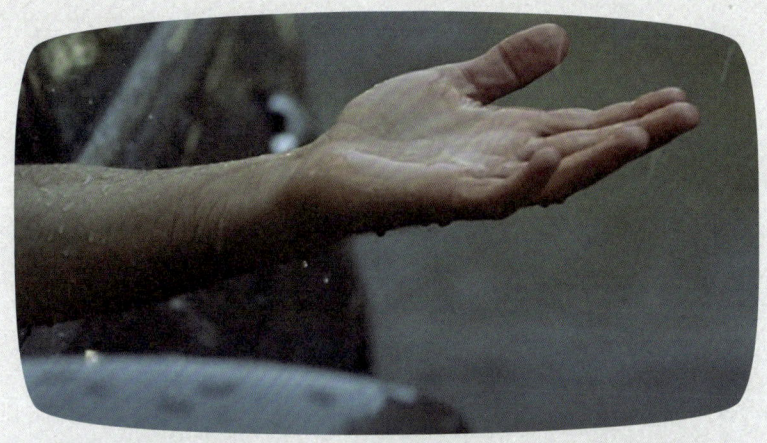

비 오는 날엔
잠시, 차를 세우고

쏘나타는 이제
이렇게 타는 겁니다

8세대

쏘나타(DN8)

6세대 쏘나타(YF)를 오마주한 8세대 쏘나타(DN8)의 광고 캠페인은 '이제'라는 시제를 통해 쏘나타의 동시대성을 조명한다. 자동차를 향유하는 방식은 달라졌고, 쏘나타는 그 변화를 지금의 모습으로 응답한다. 과거의 자신을 뛰어넘고 "이제는 이렇게 탄다"고 말할 수 있는 자동차. 쏘나타는 역사로 스스로를 증명해 낸 몇 안 되는 국산 자동차다.

「월드 카」時代를 앞당기

「포니」에 이어 새로운
「월드 카」로 각광받는
「스텔라」의 本格輸出이
始作 되었읍니다.

는「스텔라」-本格輸出!

韓國 고유모델의 스텔라가 호평 속에 世界로 輸出되고 있읍니다.
韓國 고유모델 포니와 스텔라는 눈에 보이지 않는 태극기를 달고 世界市場에서 國威를 선양합니다.

"우리의 손, 우리의 기술로 自動車輸出立國을 실현한다."
이것이 世界로 도약하는 현대자동차의 目標입니다.

HD 現代自動車

il tema propostogli dalla Hyundai? Le linee sono molto pulite, per esigenze aerodinamiche il cofano motore è molto profilato e l'inclinazione del parabrezza è notevole. Questi due elementi, insieme al taglio del baule che é quasi parallelo al terreno, conferiscono alla Stellar una fisionomia generale di vettura molto filante che, otticamente, non sembra essere lunga 4,4 metri. Sulla fiancata troviamo due elementi che contribuiscono a snellire l'insieme: da una parte una fascia paracolpi in materiale plastico nero che corre per tutto il fianco e idealmente si raccorda al rivestimento dei due gruppi paraurti (anch'essi in materiale plastico), dall'altro una modanatura nera che sorvola il taglio superiore delle porte scendendo sul montante posteriore fino all'altezza della base dei cristalli.

Il frontale è abbastanza massiccio a sottolineare le peculiarità di ammiraglia della Stellar. I gruppi ottici rettangolari e gli indicatori di direzione si sviluppano alla medesima altezza sino alla fiancata. Un insieme austero, molto pulito. La calandra è assai semplice: tre griglie nere orizzontali con sei filetti cromati e, al centro, un piccolo rettangolo che ingloba il nuovo marchio della Hyundai, una H maiu-

est among the cars of this size. If not an admiral, its technical specifications make it a classic, representative sedan.

How did Giugiaro interpret the theme proposed to him by Hyundai? With extremely clean lines, a very tapered engine hood in compliance with aerodynamic requirements and a considerable windshield slant. Together with the cut of the boot, which is almost parallel with the ground, these elements grant the Stellar an overall, very streamlined look. It does not give the impression of being 4.4 metres long. The sides feature two elements that contribute towards slimming down the whole: first, a black, plastic bumper strip runs along the entire flank, blending ideally into the covering of the two bumper groups (also in plastic), then, black molding runs above the upper door cut, descending onto the rear pillar and ending at the base of the windows.

The massive front end underlines those qualities that make an admiral of the Stellar. Projecting an austere, linear appearance, the rectangular lamp clusters and directional indicators are placed on the same level and extend to the body side. The radiator cowling is very simple, expressed in three, black, horizontal

Nei tre disegni, le prime proposte fatte da Giugiaro alla direzione della Hyundai per la nascente vettura.

In the drawings, Giorgetto Giugiaro's first proposals to Hyundai management for the new car.

I figurini contrassegnati dalla lettera U sono quelli definitivi sulle cui indicazioni la Hyundai ha quindi realizzato la Stellar che proponiamo nel modello definitivo e nelle varie viste nelle foto di questa pagina. La Stellar idealizza la tendenza attuale del design che vuole berline medio-grandi, piacevoli, equilibrate nei volumi.

The models marked by the letter U are the definitive ones, from which Hyundai then built the Stellar. Various views of the final model can be seen in the photos on this page. The Stellar expresses the current design trend that seeks pleasing, well-balanced, medium-large sedans.

자동차를 스스로 설계, 생산할 수 있다는 것은 기업은 물론 그 나라의 전반적 산업이 높은 수준에 도달했다는 증거이기도 하다. 특히 대한민국의 기술이 집약된 자동차가 세계를 달린다는 것. 이는 정주영 창업회장이 "자동차는 달리는 국기다."라고 말한 바처럼 현대자동차가 자동차 산업에서 이루고 싶었던 일이었다. 그렇기에 현대자동차만의 기술과 디자인으로 갖추어 나간 쏘나타의 해외 진출은 무엇보다 의미가 있다. 쏘나타가 어떤 여정을 거쳐 '더 큰 과녁'인 북미 시장을 개척했는지 풀어보자. 먼저 요약하자면 치밀하게 준비했어도 쓰라린 아픔을 맛볼 정도로 결코 쉽지 않은 길이었다.

Crossing borders, reaching further

쏘나타, 국경을 넘다

글 나윤석

스텔라 CXL을
기억하시나요?

물론 이번 글에서 이야기하려고 하는 것은 쏘나타의 여정이다. 다만 그에 앞서, 스텔라 CXL 이야기를 먼저 꺼내 보려 한다. 현대자동차가 1985년도에 선보인 스텔라 CXL은 이후 쏘나타와 현대자동차의 해외 수출 역사에서 꼭 곱씹어야 할 중요한 이정표이기 때문이다. 나의 청소년 시절 우리 가족은 스텔라 두 대를 연달아 탔다. 그중 두 번째 스텔라는 범퍼가 유독 길고 헤드라이트 주변이 달라서 기억에 많이 남았는데, 그것이 바로 북미 사양의 헤드라이트와 5마일 범퍼를 적용한 스텔라 CXL이었다.

CXL의 CX는 'Canada eXport'라는 뜻이다. 즉, '캐나다'와 '수출'이라는 두 가지 의미가 담겨 있다. 지금 현대자동차에게 가장 큰 시장이고 당시에는 세계 최대의 승용차 시장이었던 북미 시장에 진출하기 위하여 캐나다는 최적의 스파링 무대였기 때문이다. 본 무대인 미국 시장에 도전하기 전에 시장 성격이나 법규 등에서는 비슷한 점이 많지만 경쟁은 훨씬 덜 치열한 일종의 파일럿 마켓이 바로 캐나다였던 것이다. 이와 같은 이유로 스텔라 CXL은 추후 수출 전략 차종으로 만들어진 2세대 쏘나타(Y2)가 태어나기 위해 꼭 필요한 스텝이었다. 그만큼 중요한 모델이었기에 쏘나타(Y2)를 향한 신중한 행보가 매우 인상적으로 느껴졌다.

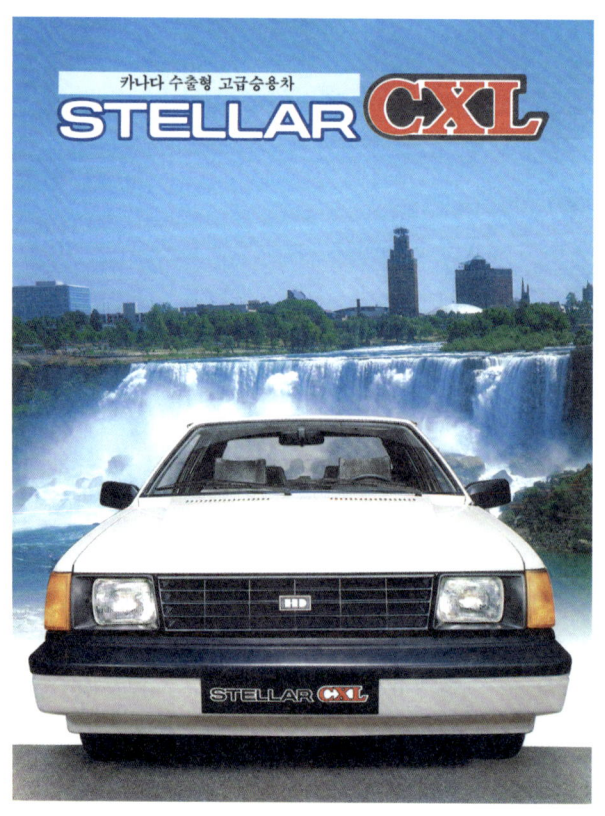

북미로 수출되는 쏘나타(Y2)

쏘나타(Y2), 새로운 문을 열다

1988년, 드디어 쏘나타(Y2)가 등장했다. 쏘나타(Y2)는 여러모로 신선한 충격이었다. 각진 디자인과 두툼한 크롬 몰딩으로 대표되는 중후함과 근엄함이 디자인 언어였던 세단 시장에 매끈하고 우아한 쏘나타(Y2)는 미래에서 온 듯했다. 여기에는 전륜구동 방식이라는 점도 커다란 이유였다. 수출 전략 차종이었던 쏘나타(Y2)는 당시 최신 자동차 기술 트렌드가 전륜구동 방식으로 빠르게 전환되고 있다는 사실을 반영하여, 이미 상당 부분 진척되었던 후륜구동 기반 설계를 뒤집고 처음부터 새로 설계했다는 후일담도 전해진다.

그리고 스텔라 CXL과 소나타(Y1)에서 축적된 해외 수출 및 중형 세단 시장에 대한 노하우가 접목되어, 쏘나타(Y2)는 미국 시장에도 도전할 수 있는 현대자동차 최초의 중형 세단으로 업그레이드되었다. '미국에 수출할 수 있다'는 것은 쏘나타(Y2)를 통하여 우리나라 자동차 기술이 한 단계 성장했다는 뜻이고, 이것은 국내 소비자들의 만족도로 이어진다. 특히 넓은 실내, 우수한 정숙성 등 이전에는 대형 럭셔리 모델에서나 가능했던 것을 패밀리 세단에서도 느낄 수 있다는 점이 대표적이었다.

그럼에도 불구하고, 쉽지 않았던 브로몽의 기억

이렇듯 쏘나타(Y2)는 치밀하게 준비한 야심작이었다. 이미 미국에 진출해 있던 현대자동차의 또 다른 차종인 '포니 엑셀'의 첫 반응이 대박이었던 것도 강한 원동력이 되었다. 그래서 현대자동차는 공장을 짓고 본격적으로 북미 시장에 진출하기로 결정했는데, 그 공장 위치가 스텔라 CXL 프로젝트로 익숙했던 캐나다였다. 이러한 흐름 속에서 1989년 캐나다 퀘벡에 브로몽 공장이 세워졌다. 즉, 국내 생산 및 수출의 스텔라 CXL에 비하여 한 단계 더 시장에 근접한 현지 생산 및 현지 판매 전략으로 진화한 것이다.

하지만 이 브로몽 공장 프로젝트는 결국 계획대로 이어지지 못했다. 쏘나타(Y2)에 앞서 미국 시장에 진출한 포니 엑셀은 가격 경쟁력을 앞세워 초반에는 큰 인기를 끌었지만, 이후 품질 문제가 드러나면서 브랜드 신뢰도는 타격을 입었다. 게다가 미국 중형 세단 시장이 공급 과잉으로 치열한 경쟁 상황에 돌입했던 것도 한몫했다. 또 한 가지의 문제는 우리나라에서처럼 부품 수급이 쉽지 않았던 것. 공급망이 뒷받침되지 않으면 완성차 공장이 제대로 돌아갈 수가 없고, 그리고 이 모든 것이 원가 상승으로 이어진다는 것을 이때 현대자동차는 뼈아프게 배웠다. 결국 연산 10만 대 규모의 브로몽 공장은 2만 5,000대 수준의 생산에 그쳐야 했고, 준공된 지 4년만인 1993년 문을 닫게 되었다.

캐나다 브로몽 공장 전경

쓰라린 아픔을 딛고
다시 도전

브로몽에서 얻은 교훈은 차를 만든다는 건 훨씬 철저한 준비와 지속적인 기술 역량 향상을 필요로 한다는 것이었다. 이는 커다란 깨달음이었고, 기술 개발에 더욱 매진하는 계기가 됐다. 특히 북미 소비자 의견을 많이 들었는데, 한 가지 사례가 있다. 바로 쏘나타(Y2)의 '그라스호핑Grasshopping' 케이스였다. 미국 진출 초창기 쏘나타(Y2)가 마치 '메뚜기Grasshopper'처럼 도로에서 뛴다는 이야기가 들려왔다. 현지에 직접 가보니, 미국과 한국 고속도로 환경 차이가 원인이었다. 그래서 현대자동차는 울산 주행시험장에 LA 고속도로와 유사한 환경을 구현하고, 시험을 반복하며 문제를 해결해 나갔다.

노력의 결실들은 4세대 EF쏘나타와 5세대 쏘나타(NF)에서도 점차 모습을 드러냈다. EF쏘나타는 자체 플랫폼을 처음 적용한 쏘나타라는 면에서 의미가 크다. 품질을 끌어올리고 자동차에 대한 근본적인 노하우를 쌓기 위해서는 플랫폼, 즉 기초부터 완벽하게 이해해서 설계할 수 있는 수준이 되어야 한다는 깨달음의 결실이 EF쏘나타였다. 그 다음 세대인 쏘나타(NF)는 플랫폼은 물론 자체 개발한 엔진까지 탑재한 최초의 쏘나타였다. 우리나라를 대표하는 패밀리 세단으로 손색이 없는 작품이었으며, 이미 EF쏘나타부터는 내수보다 수출 시장이 더 커지고 있었다. 때가 온 것이다.

현대자동차는 쏘나타(NF)를 미국에서 생산하기로 결정했다. 입지 선정을 위해 물류, 공급망, 인력 공급, 주 정부의 지원 등 다각도로 치밀하게 검토했다. 그 결과 이미 다른 자동차 제작사들에 의해 운영 여건이 증명되었고 주 정부의 적극성 등 다양한 요소가 검증된 앨라배마 몽고메리를 선택하게 된다. 나름 꼼꼼하게 준비했다고 생각했지만 결과적으로 더 고려할 부분이 많았음을 깨달았던 브로몽의 수업을 반영한 선택이었다. 공장이 전부는 아니었다. 당연히 이 곳에서 생산할 제품이 경쟁력을 가져야 했다. 마음에 드는 제품을 만들기 위하여 가장 중요한 것은? 당연히 소비자들을 아는 것이다. 무엇을 중요하게 생각하는지, 우리 제품에서 어떤 부분은 좋아하고 어떤 부분에 아쉬움을 갖는지 그들에게 직접 들어야 했고, 이런 깨달음은 하루아침에 온 것은 아니었다.

미국은 국토가 넓은 만큼 건조하고 더운 지역부터 비가 많은 지역까지 다양한 기후와 환경을 지니고 있었고, 그런 조건에 맞는 차를 만들기 위해 현지 소비자들의 목소리에 더욱 귀를 기울였다. 이처럼 쌓여온 경험과 노력 덕분에, 미국 시장에 조금씩 단단히 뿌리를 내릴 수 있었다.

미국 앨라배마 공장 기공식

감성, 그리고
주도권을 쥐다

5세대 쏘나타(NF) 다음인 6세대 쏘나타(YF) 이야기는 내 경험부터 시작하겠다. 2009년 쏘나타(YF)가 출시되었을 당시, 나는 독일에서 한 자동차 브랜드 본사에 근무 중이었다. 당시 제품 관련 중역과 쏘나타(YF)를 주제로 대화를 나누게 되었다. 그는 "쏘나타(NF)는 훌륭한 패밀리 세단이야. 왜 디자인을 바꾼 건지 이해할 수 없어."라고 말했다.

이해한다. 독일 사람 관점에서 쏘나타(NF)는 단정하고 기능적이며 가격 경쟁력까지 우수한 특별히 흠잡을 데가 없는 패밀리 세단이었기 때문이다. 그런데 현대자동차는 북미 시장에서 '흠잡을 데 없는 단정함'만으로는 뚜렷한 인상을 남기기 어렵다고 판단했다. 치열한 경쟁의 중형 세단 시장 속에서, 차별적 디자인이 필요했던 것이다. 이에 현대자동차는 중형 세단에 새로운 매력을 불어넣을 방법을 고민했고, 그 해답은 디자인 철학에 있었다. 날렵한 곡선, 과감한 디자인. 쏘나타(YF)의 모습은 기존 중형 세단들이 보여주지 않던 감성의 언어였다. 현대자동차는 이 모델에 '플루이딕 스컬프처'라는 디자인 철학을 담았고, 그 전략은 주요했다.

북미 시장에서 캠리와 어코드의 벽을 허물며, 쏘나타는 단지 '가성비 좋은 차'를 넘어 '감각적인 선택'이 되었다. 그리고 그 결과는 판매량으로 이어진다. 쏘나타(YF)는 210만 대 이상의 쏘나타 시리즈 최다 판매, 그 중에서 160만 대 이상이 해외 시장에서 판매되는 실적을 거두었다. 당시 북미 시장에서 '쏘나타 쇼크'라는 말이 생길 정도였다.

6세대 쏘나타(YF)를 기점으로 쏘나타는 패스트 팔로워를 넘어 드디어 세계 자동차 트렌드를 리드하는 퍼스트 무버의 자리를 차지하게 되었다. 이때부터 세계적인 자동차 저널리즘은 현대자동차에게 새로운 잣대를 적용하기 시작한다. 더 이상 가성비 좋은 대안의 기준이 아니라 세계 정상급 브랜드와 모델에 적용하는 보다 엄격한 기준으로 현대자동차를 평가하게 되는 중요한 이정표가 되었다.

스텔라 신차 발표회

마침내 증명해낸 자동차

쏘나타의 역사가 현대자동차의 역사와 오버랩되는 것은 어쩌면 당연하다. 현대자동차의 대표 승용 모델 쏘나타는 무난한 패밀리 세단으로 충분히 편안하게 살아갈 수 있었다. 쏘나타는 현대자동차 역사를 끊임없이 함께한 장수 모델이기 때문이다. 하지만 그것뿐만은 아니다. 쏘나타의 역사는 도전의 역사, 성취의 역사였다. 안방 시장의 패밀리 세단으로도 안락하게 살 수 있었을 텐데 고행의 길임을 알면서도 어려웠던 북미 시장 도전을 마침내 성공시킨 쏘나타. 그리고 무난한 디자인으로 편안하게 살 수 있는 패밀리 세단이었지만 개성이 가득한 디자인으로 세계 중형 세단의 흐름을 뒤바꾼 트렌드 세터가 되기도 했다. 그 결과 우리의 현대 쏘나타는 글로벌 소비자들에게 널리 사랑받는 글로벌 모델이 될 수 있었다.

쏘나타를 바라보면 마치 반백의 머리가 당연한 초로의 장년이지만 여전히 다부진 몸매를 갖고 있는, 그래서 관리하는 원숙함에서 묻어나는 어른만의 매력이 느껴진다. '나는 혹시 지금에 안주하고 있는 것은 아닐까?' 쏘나타는 나를 긴장하게 한다. 기분 좋은 긴장감이다.

Always
with us

늘 우리 곁을 지키는 차

글 이의성 사진 스튜디오 소설

쏘나타는 오랫동안 평범한 가족의 일상에 자연스레 스며든 패밀리카였지만, 동시에 수많은 사람의 하루를 실어 나르는 택시로 또 전국 곳곳을 누비는 경찰차로 곁에 있어 왔다. 1991년부터 지금까지, 쏘나타는 택시 업계에서 스테디셀러로 자리 잡으며 시민들의 발이 되어 전국 방방곡곡을 달렸다. 누군가의 새벽을 함께 시작하기도 하고, 고단한 하루의 끝을 함께하며 가장 친숙한 차가 되었다. 사건 현장에 가장 먼저 도착해 위급 상황에 기동력을 더해온 경찰차 역시 오랫동안 쏘나타가 그 자리를 지켜왔다. 우리는 골목을 누비는 쏘나타 경찰차의 존재만으로도 안심하곤 했다. 모습은 다르지만 각자의 역할을 다하며 오늘도 길을 밝히는 차, 그 안에는 각자의 시간을 살아낸 흔적과 켜켜이 쌓인 이야기가 고스란히 담겨 있다.

발이 되어주는 택시

쏘나타 택시는 한국 택시 시장에서 가장 자주 보이는 모델 중 하나로, 1985년 소나타(Y1)부터 출시된 이래로 그 역사가 매우 깊다. 특히 7세대 쏘나타(LF)는 2014년 출시된 이후 2023년 7월까지 꾸준히 택시 전용 모델로도 생산되었다. 사업의 경제성을 비롯한 당시의 현실적인 여건으로 인해 1년여간 단종의 시기를 거치기도 했지만, 택시 업계와의 상생을 위해 현대차에서 2024년 8세대 모델로 다시 출시된 쏘나타(DN8)는 한층 더 업그레이드된 사양으로 그간의 대표성을 증명하고 있다.

1988년 서울 올림픽 택시 발대식

출고 대기 중인 EF쏘나타 경찰차

안전을 책임지는 경찰차

쏘나타는 경찰에서 가장 많이 사용하는 순찰차로, 4세대 EF쏘나타부터 8세대 쏘나타(DN8)까지 여러 세대를 거쳐 치안 현장에서 활약하고 있다. 관내 순찰에서부터 112 신고 출동 및 피검거자 호송, 음주 단속과 검문, 교통사고 처리 등 전반적인 경찰 업무에 투입된다. 사건·사고가 업무인 만큼 예기치 못한 돌발 상황이 잦고, 훨씬 거칠고 긴장된 환경을 오가지만, 쏘나타 자체의 튼튼한 차체와 안전한 성능이 위험이 커지지 않도록 늘 든든히 함께하고 있다.

택시에서 보낸 40여 년

황유석 기사

과 함께 택시 운전을 시작했어요. 화물 운전을 하면서 쌓은 운전 경력도 있고, 신체 건강하고 나이도 젊으니까 호기롭게 시작한 거죠.

처음으로 택시를 운전했을 때가 기억나세요?

당연히 기억나죠. 그때 첫 회사가 지금의 회사인데 차량 관리에 굉장히 철두철미했어요. 뒷좌석에 흰 커버를 씌우고 다녔죠. 택시 운전을 시작했을 그때 당시만 해도 아무나 택시를 타던 시절도 아니었고, 수요도 적었거든요. 운전을 시작하기에 앞서 그 커버를 깨끗하게 갈고 정리정돈하던 기억이 지금도 생생합니다.

그때는 주로 어떤 분들이 택시를 이용하셨나요?

직장인 승객이 많았지만, 스텔라나 포니, 쏘나타(Y2), 쏘나타 Ⅱ(Y3)까지만 해도 특히 가족 단위 승객들이 많았어요. 우리가 베이비붐 세대 아닙니까? 아이들이 엄청 많았어요. 어린이날에 아이들이 부모님 손잡고 택시 한 번만 타자고 조르곤 했거든요. 택시 기사 입장에서는 같은 거리 가는데 합승 승객을 못 태우잖아요. 그러다 보니 가족 승객을 기피하기도 했죠. 그래서 택시 한 번 잡으려면 아빠나 엄마가 혼자서 길에 나와 있고 다른 가족들은 숨어 있고 그랬어요. 지금 생각하면 다 추억이죠.

당시 택시 기본 요금이 얼마였는지 기억하시나요?

1987년도까지 택시 요금이 600원이었습니다. 기본 거리만 가는 손님에게 요금을 받으면 식사 해결이 다 됐어요. 거기다 담배까지 사 피우고요. 제가 가던 단골 중국집이나 보리밥집이 있었는데 짜장면, 보리밥이 그땐 300원씩 했거든요. 그 보리밥집이 지금도 있는데 이제는 한 그릇에 8,000원입니다.

그 시절엔 합승 문화가 있었죠?

지하철이 없던 시절이라 출근 시간에 버스를 타면 지각하기 일쑤였어요. 그래서 오전에 손님이 많았습니다. 첫 손님이 타면 무조건 기사 뒤편에 앉곤 했어요. 주로 양복을 입은 사무실 직장인들, 특히 정

부산에서 만나뵙게 되어 반갑습니다. 소개 부탁드려요.

안녕하세요. 저는 1984년 11월 18일에 결혼해서, 1985년 4월 4일에 현재 몸담고 있는 택시 회사에 입사했습니다. 27세에 결혼해 28세에 택시를 시작한 셈이죠. 회사에 입사했을 때 노란 택시 포니1이 있었어요. 그때부터 지금까지 택시 운전을 하고 있습니다.

1985년도부터 하셨으니까, 지금 40년이 지났네요. 어떤 계기로 택시 운전을 시작하셨어요?

만 40년이 지나고 이제 41년에 들어가는 거죠. 제가 함안 태생인데, 아버님이 돌아가시고 형님도 사업을 실패하시면서 어머니랑 같이 부산으로 왔습니다. 사실 처음엔 택시 할 생각은 없었어요. 부산에 도착해 보니 마땅한 기술도 없고, 제 나이와 학력으로는 일반 회사엔 가기도 어렵더라고요. 할 수 없이 처음에는 화물 운전을 하다가 결혼

장용 스커트를 입은 여성분들이 주로 합승을 했어요.

아무나 태울 수가 없어서, 창문도 완전히 열지 않고 조금만 열어서 어디로 가는지 물어보고 택시에 태웠죠. 그렇게 합승해서 세 팀, 네 팀을 내리고 다시 태우기를 반복하면서 남포동까지 운행했어요.

어쩔 수 없었던 게, 요금 정산 방식이 지금과 다르게 바퀴 회전수로 정산되었거든요. 바퀴가 안 돌아가면 하루 종일 운행해도 50원이 추가되지 않기도 했죠. 그래서 그때는 차라도 막히면 하루 종일 벌어도 10,000원이 채 되지 않는 경우도 있었어요.

그러던 시절을 거쳐서 1세대 소나타(Y1) 무렵부터 택시도 점차 보편화되기 시작했다고 알고 있는데 맞을까요?

네, 맞아요. 1세대 소나타(Y1)를 운전하면서부터 사람들이 택시를 엄청 이용하기 시작했어요. 그 시절엔 토요일도 일을 했잖아요. 직장 다니는 친구들은 다 토요일 저녁에 만나서 먹고 노는데, 저는 오히려 토요일엔 승객이 많아서 수입이 좋으니까 못 나가는 거예요. 결혼하고 애들도 학교를 다니던 시기라, 돈을 많이 벌어야 했어요. 놀고 싶은 마음 참고, 또 아내와 알뜰히 모아서 지금 이만큼 살고 있는 거죠. 자수성가는 아니지만 열심히 살았어요.

1988년 서울 올림픽을 치르면서 사회적으로 많은 변화가 있었어요. 쏘나타(Y2)와 그 전신인 스텔라가 공식 차량으로 지정되기도 했고요. 택시업계에서 느낀 변화가 있을까요?

88 올림픽을 기점으로 중형 택시가 좀더 대중화되었어요. 기존 택시였던 포니 배기량이 1,400cc이었는데, 스텔라가 1,600cc이거든요. 차가 잘 나간다고 다들 그랬어요. 포니에 비하면 차도 넓고, 배기량이 1,600cc이니까 사람 여러 명이 타도 거뜬했답니다.

쏘나타(Y2)가 나왔을 땐 크게 확 체감 되었겠어요.

쏘나타 택시가 나오면서 배기량이 2,000cc가 됐어요. 그리고 에어컨과 유압식 스티어링 휠은 획기적인 변화였어요. 물론 스텔라부터 에어컨이 장착되긴 했는데, 팬이 하나밖에 없다 보니까 엔진 열이 올라가면 더운 바람이 나오곤 했거든요. 포니 때도 마찬가지였지만 쏘나타가 나오기 전까지만 해도 여름철마다 택시 기사들은 목에 수건을 걸고 다닐 만큼 차 안이 더웠어요. 기본적인 내구성을 비롯한 품질도 말도 못 하게 좋아지기도 했고요.

아무래도 사람을 상대하는 일이다 보니 다양한 사건 사고들이 있었을 것 같은데요. 기억에 남는 에피소드 있으신가요?

좋은 손님도 많지만, 취객이나 돈 없이 도망가는 손님도 왕왕 만나죠. 처음에는 어떻게 대처할지 잘 몰랐어요. 택시를 운전하며 사람을 많이 만나다 보니까 나름대로 방법이 생기더라고요. 경찰 부르게 되면 결국 시간이 많이 지나가잖아요? 만약에 파출소까지 가면, 기본 두 시간이 걸려요. 저 같은 경우는 손님하고 입씨름해도, 정말 돈이 없을 것 같으면 시간도 중요하니 액수에 관계없이 손님을 그냥 보내주기도 해요. 어떤 손님은 "제가 친구랑 술 먹고 놀다 보니까 카드도 없고 돈도 없는데, 태워주시면 안 될까요?"라고 묻는 경우도 있는데, 이런 친구는 진짜거든요. 그래서 그냥 태워주기도 합니다.

이야기를 들어보니 사람을 잘 보시는 듯 한데, 그런 면에서는 택시라는 직업이 잘 맞으셨던 건가요?

제가 오지랖이 좀 넓은 편입니다. 이것저것 관여를 많이 하고 손님과 대화도 많이 하려고 하고요. 그런 마음은 있습니다. 저는 어느 직업에서 뭘 하든지, 내가 하기로 했으면 프로가 되어야 한다고 생각해요. 또 제가 이 일을 40년 동안 해보니까 오전에 손님이 없어서 수익이 저조해도, 평소 제가 일하는 시간만 다 채우면 그날 금액은 별 차이 안 나더라고요. 그게 그렇게 되더라니깐요. 인생사가 지구가 둥글듯이, 어디서 손해가 생기면, 또 어디서 예상치 못한 수익도 생겨요. 어떤 손님은 팁을 주기도 하고요.

결국은 일희일비할 필요가 없다는 점을 알게 되신 거네요.

그렇죠. 일희일비할 필요가 없는 거죠. 근데 이제 일희일비하지 않기 위해서는, 그날그날 내가 성실하게 채워야 되는 총량의 시간도 있는 거고요. 지금도 제가 수입이 많은 날이건, 혹은 진짜 승객이 없는 날이건 채워야 하는 그 시간만 딱 채우고 일을 마칩니다. 잘 되는 날 더

벌고 싶은 욕심이 나더라도 집에 가려고 해요. 한 분 더 태운다 해도, 길게 보면 비슷하거든요.

예전에 우리 애들이 어릴 땐 제가 욕심을 좀 부렸어요. 잠자고 화장실 가는 시간도 아끼고, 밥 먹을 시간까지 건너뛰면서요. 계속 손님이 이어지니까요. 근데 결국은 제 몸이 상하더라고요. 그래서 일을 계속하기 위해선 건강해야 하니 규칙적인 생활을 고수하는 거죠.

택시 운전을 오래 할 수 있는 비결인 거네요.

그러니까 아직까지 건강하게 제가 운전을 하고 있는 거죠. 손님과 나누는 대화도 좋아하고, 또 성실하게 할 수 있으니 저한텐 이만한 일도 없어요. 제가 시골 출신이긴 하지만, 시골에서 농사도 안 지어봤어요. 삽자루를 조금만 잡아도 물집 잡히고 그래요. 제가 이 일을 하기로 작정했으면 최소한 열심히는 해야죠.

택시 운전을 하며 가족분들과 함께한 추억이 있나요?

많죠. 택시가 있으니 어디든 갈 수 있잖아요. 저는 아이들 데리고 여행 참 많이 다녔어요. 택시 운전을 하다 보니까 주말보다는 주중에라도 짬을 내서 많이 다녔죠. 그 영향 덕분인지, 두 아들 녀석이 다 결혼해서 분가해도 온 가족이 종종 같이 여행 다니곤 합니다.

35년 가까이 사고 없이 운전하신 것으로 알고 있습니다. 기사님만의 운전하는 습관이나 철학이 있을까요?

운전은 왕도가 없죠. 저도 조심해야 되고 또 방어 운전도 참 중요한데, 사실 방어 운전도 쉽지 않아요. 어디서 어떤 일이 일어날지 모르니까요. 그럼에도 저만의 기본과 규칙을 중요하게 생각합니다. 정상적인 규칙을 지키면 피로도 줄일 수 있죠. 승객이 많은 날에도 무리하지 않고, 적더라도 더 애쓰지 않는 규칙적인 생활을 준수하려고 노력합니다. 그게 나름의 비법이라면 비법입니다.

든든한 파트너와 쌓아온 시간

마포경찰서 교통과 편성훈 경사

안녕하세요. 간략하게 소개 부탁드립니다.

반갑습니다. 마포경찰서 교통과에서 7년간 근무 중인 39세 편성훈입니다. 처음에는 사회 문제나 다양한 이슈를 영상으로 전달하며 시민과 소통하고 싶다는 생각으로 방송영상학을 전공했습니다. 하지만 현장에서 직접 시민과 희로애락을 나누면서, 더 가까이에서 도움을 줄 수 있는 일을 하고 싶다는 마음이 생겼고, 자연스럽게 경찰이라는 직업에 관심을 갖게 되었습니다. 다행히 법률과 판례 공부가 저에게는 무척 흥미로웠고, 그 과정에서 경찰관이 되어야겠다는 결심이 더욱 확고해졌습니다. 그렇게 열심히 준비해 입직한 후, 올해로 경찰 생활 10년 차를 맞이했습니다.

마포경찰서 교통안전계에서는 어떻게 근무하게 되셨나요?

경찰에는 형사, 수사, 교통 등 여러 부서가 있고, 또 부서마다 시민의 안전과 질서를 위한 중요한 역할을 담당하고 있습니다. 그중에서도 저는 교통 분야에 유독 관심이 많았습니다. 112에 신고하는 이유는 다양하지만, 교통사고와 관련된 신고는 예상치 못한 순간에 발생해 많은 분들이 당황하곤 합니다. 특히 평생 운전을 하신 분조차 사고를 처음 겪게 되면 어떻게 대처해야 할지 몰라 큰 혼란을 겪는 경우가 많고요. 저 역시 주변에서 교통사고 처리 절차에 대해 묻는 질문을 자주 받았고, 그런 상황에서 실질적인 도움을 줄 수 있는 역할을 하고 싶다는 생각이 들어 교통 부서를 지원했습니다. 가장 가까운 현장에서 시민에게 직접적으로 도움을 드릴 수 있다는 점이 제게는 큰 보람이었고, 지금까지도 그 마음을 잊지 않고 일하고 있습니다.

마포경찰서 교통안전 부서에 처음 발령받고 운전대를 잡으셨을 때, 어떤 차종이었나요? 어떤 느낌이 들었는지 기억나시나요?

처음 운전했던 순찰차가 바로 쏘나타였어요. 당시 경찰차로서 쏘나타는 저에게 믿음직한 차량으로 느껴졌습니다. 처음 쏘나타를 운전했을 때는 단순한 승용차를 운전할 때와는 달리, 긴장도 되고 책임감도 많이 느꼈죠. 특히 경찰 업무 특성상 언제든 신속하게 출동해야 하기에 차량의 반응성에 큰 신경을 썼던 기억이 납니다. 첫 출근부터 긴장된 마음도 있었지만, 쏘나타가 있어 든든했습니다.

교통과에 근무하시면서 예기치 못한 사고의 위협이나 경계에 있었던 적은 혹시 없으셨나요?

심야 시간대, 서강대교 인근 강변북로에서 교통사고가 발생한 적이 있었어요. 2차 사고를 방지하기 위해 순찰차에 사이렌을 켠 채 사고 지점에서 약 100m 뒤편에 정차한 뒤, 현장 수습을 하고 있었습니다. 그런데 졸음운전을 하던 택시가 순찰차 후미를 들이받는 사고가 발생했어요. 당시 순찰차의 뒷부분은 크게 파손되었지만, 사고 지점 앞에서 완충 역할을 해준 덕분에 현장에서 사고 수습 중이던 운전자들과 경찰관 모두 무사할 수 있었습니다. 그때 저는 쏘나타 순찰차가 단순한 이동 수단을 넘어, 시민과 경찰의 생명을 지켜주는 든든한 존재라고 느꼈어요. 이런 경험들이 쌓이고 쌓여 쏘나타가 '국민차'라는 별명을 얻게 된 것 아닐까 하는 생각도 들었습니다.

쏘나타가 단순한 업무 차량을 넘어, 잠시나마 안식처나 동료와의 소통 공간이 되어주었던 특별한 순간이 있나요?
5년 전, 장마 기간 동안 한강 수위가 크게 올라 강변북로를 통제했었어요. 평소에도 차량 통행량이 많은 지점인데, 통제 때문에 우회 도로를 문의하는 운전자가 많았고, 저희는 비를 맞아가며 일일이 현장에서 안내를 했습니다. 몸은 고되고 힘들었지만, 시민의 안전을 위한 일이기에 최선을 다했던 기억이 납니다.
그날 교대 시간에 잠시 순찰차에서 쉬고 있는데 차창을 두드리는 빗소리를 들으니 그제야 비가 내리는 것이 느껴졌습니다. 근무 중에는 그저 '비가 그쳤으면 좋겠다'는 생각뿐이었지만 잠시 숨을 고를 수 있게 해준 순찰차가 마치 조용히 곁을 지켜주는 우산 같다는 생각이 들었습니다. 지금도 비 오는 날이면 그 순간이 떠오릅니다.

아무래도 쏘나타에서 보낸 시간이 많으신 만큼, 쏘나타를 함께 탔던 동료나 선후배 중, 기억에 남는 분이 있을까요?
2020년에 정년퇴직하신 저희 팀장님께서 근무 시작 전마다 팀원에게 자주 이런 말씀을 해주었습니다. "안전이 최선보다 최고다. 자신을 아끼지 않거나 사랑하지 않으면, 존중받을 수도 없고 사랑을 줄 수도 없다."라고요.

그 말씀이 저에게 단순한 안전 수칙을 넘어, 경찰로서의 삶과 태도 그리고 인간관계에까지 깊은 영향을 주었습니다. 그 이후부터, 경찰 장비는 물론 매일 함께하는 순찰차도 더욱 소중히 다루게 됐습니다. 순찰차를 깨끗이 정비하고, 항상 정돈된 상태로 유지하려고 노력하다 보면, 어느새 근무 만족도와 성취감도 높아지는 걸 느낍니다. 이 매거진을 읽는 모든 운전자분들도 자신의 차를 아끼겠지만, 한 번 더 관심을 갖고 바라본다면, 그 차는 단순한 이동수단을 넘어 좋은 장소와 행복한 시간을 지켜주는 파트너가 되어줄 것이라고 믿습니다.

경찰차는 특히 아이들에겐 동경의 대상이잖아요. 그런 아이들의 시선을 체감하시나요?
우리 애들을 포함해 많은 어린이가 순찰차를 보며 반갑게 손을 흔들거나 "수고 많으세요!"라고 인사를 해주곤 합니다. 최근에는 티니핑과의 컬래버레이션 덕분에 순찰차에 대한 관심과 호감이 더 커졌고요. 이런 변화는 오랜 시간 동안 국민과 경찰이 좋은 관계를 맺기 위해 여러 분야에서 노력해 온 결과라고 보입니다. 그리고 그 중심에서 순찰차, 특히 쏘나타 경찰차도 한 축을 담당해 왔다고 생각합니다.
저에게 순찰차는 단순한 업무용 차량이 아닌 함께라서 두렵지 않은, 늘 곁에서 묵묵히 함께하는 '모험 동료' 같은 존재입니다. 많은 시민께서도 경찰과 순찰차가 단속이나 단절의 상징이 아닌, 우리와 함께 걷는 동행자로 생각해주신다면 더없이 감사하겠습니다.

Everyday on the road

매일매일 도로 위에서

도로 위 각양각색 차의 모습처럼, 차와 함께한 기억들이 저마다 있을 것이다. 뒷좌석에서 동생과 끝말잇기를 하던 시간, 주말이 되면 엄마 차를 타고 마트에 가던 길, 친구들을 태우고 위태위태한 여행을 떠났던 그날. 40년간 우리의 곁에 있는 쏘나타이기에, 아버지의 차였던 쏘나타가 어른이 된 나의 첫 차가 되기도 한다. 쏘나타와 특별한 추억을 가진 차주 여덟 명에게 물었다. **"잠깐 그 시절로 돌아가 볼까요?"**

글 정현지 그림 신연철

온 세상을 싣고 달린 차

윤석남

63세
차종 쏘나타 II(Y3)
차를 탄 기간 5년

언제 쏘나타를 타셨을까요? 1993년부터 1998년까지, 5년 동안 탔어요. 원래는 회사에서 준 트럭을 몰고 다니다가, 어느 날 아는 형의 쏘나타를 보게 됐는데, 너무 멋있더라고요. 그래서 저한테 팔라고 했죠. 그렇게 함께하게 되었어요. **그게 1993년도면, 30세 정도 되셨을 때네요.** 맞아요. 힘들었던 20대를 마치고 오롯한 내 차를 가지게 되었다는 뿌듯함과 기쁨이 있었어요. **회사 차를 몰고 다니다가 내 차를 갖게 되고 나서 달라진 일상도 있었을까요?** 그때쯤 첫째 딸이 태어났어요. 한창 회사 일이 바쁠 때라 자주는 아니지만, 차가 있으니 딸과 함께 계절마다 나들이를 갔던 기억이 있어요. 봄에는 꽃놀이를 가고, 여름에는 대천 바다에 가고, 가을에는 단풍을 보러 다녔죠. **그중에서 가장 기억에 남는 나들이가 있었다면요?** 부여에 '무량사'라고, 벚꽃이 예쁜 곳이었어요. 거기서 첫째 딸을 안고 사진을 찍은 기억이 아직도 생생해요. 딸은 그때를 기억할지 모르겠네요(웃음). **쏘나타를 타고 다니실 때 가장 마음에 들었던 부분이 있었나요?** 디자인이 지금 나오는 차와 비교해도 뒤처지지 않을 정도로 세련됐다고 생각해요. 특히 교통사고가 났을 때 '이 차가 정말 튼튼하구나.'라고 느

꼈어요. **교통사고요?** 그게 쏘나타와 이별을 하게 된 계기예요. 대천 바다 가는 길에 아주 큰 사고가 났죠. 차가 전복될 정도였어요. 그런데도 경상 정도의 부상만 입었죠. 만약 그때 쏘나타가 아니라 더 작거나 덜 튼튼한 차를 탔더라면…. **마지막까지 의미가 깊은 차였네요. 쏘나타를 탔던 경험이 이후 차 선택에도 영향을 미쳤나요?** 쏘나타 덕분에 사고에서 그나마 안전할 수 있었기에, 부담이 되더라도 차는 무조건 크고 튼튼한 것으로 고르게 되었어요. 이후로 쭉 중대형차만 타고 있고요. 지금은 도로에서 쏘나타 II(Y3)를 자주 볼 순 없지만, 가끔 마주칠 때마다 저 분도 튼튼하고 예쁜 차 잘 타고 다니는구나 싶어요(웃음). **지금 쏘나타를 회상하면 어떤 단어가 가장 먼저 떠오르나요?** 당연히 '큰딸'이요. 큰딸이 태어났을 때 저는 세상을 다 가진 기분이었어요. 아니, 실제로 세상을 다 가졌었죠. 큰딸이 차 타는 걸 정말 좋아했어요. 칭얼거리다가도 차만 타면 좋아서 이것저것 만지작거리고, 바깥구경도 하고, 그러다 어느새 잠들곤 했죠. 그 모습이 너무 예뻤어요. 지금이야 독립해서 자주 보기는 어렵지만, 이번 기회로 딸과의 추억을 다시 한번 돌아볼 수 있어 기뻐요.

나의 라임오렌지나무

이화영

35세
차종 쏘나타 II(Y3), 쏘나타(LF)
차를 탄 기간 27년, 8년

두 세대의 쏘나타와 추억이 있어요. 어떤 인연인지 소개해 주세요. 쏘나타 II(Y3)는 1993년부터 2009년까지 저희 가족을 태우고 다녔어요. 저는 사회생활을 시작한 지 1년 정도 되었을 때 쏘나타(LF)를 구매했고요. 쏘나타 II(Y3)가 연식이 오래되다 보니 여기저기 수리할 곳이 많아졌는데, 부모님께서는 차마 그 차를 떠나보내시 못하시더라고요. 어느 순간 떠나보낼 때가 되었다는 생각이 들어서 아버지를 설득해 제가 타던 쏘나타(LF)를 드리게 되었죠. **굉장한 시간이네요. 오랫동안 바꾸지 않고 타신 이유가 있을까요?** 기계지만 정을 붙이고 사용하셔서 더 오래 타지 않았을까 싶어요. 아버지 말씀으로는 기동력도 좋고, 무엇보다 디자인과 널찍한 내부 공간이 마음에 들었다고 하시더라고요. **27년 동안 함께했으면 이런저런 추억이 많을 것 같아요.** 초등학교 때 잠시 먼 동네로 이사를 가게 되어 학교가 멀어졌어요. 부모님께서 쏘나타로 매일 등하굣길을 태워주셨죠. 부산의 수영강변로를 지나야 했던 등하굣길에 뒷좌석에 앉아 바라본 아버지의 뒷모습, 강 위로 뛰어오르는 숭어를 세어보던 풍경이 생생히 떠올라요. 그때의 기억 때문인지 지금도 강변을 따라 드라이브하는 걸 좋아하고요. **이후에 화영 님의 첫 차로 쏘나타(LF)를 선택했던 이유도 그때의 경험과 관련이 있을까요?** 어릴 적 생긴 쏘나타에 대한 애정 덕분에 첫 차를 갖게 된다면 막연히 쏘나타라고 생각

하고 있었어요. **직접 쏘나타를 몰아보니 어땠어요? 감회가 새로웠을 거 같아요.** 애지중지 관리하던 기억이 나네요. 아버지께 그 차를 드릴 때도 걱정이 되어 이것저것 관리 방법을 알려드렸죠. 지금은 부모님이 저보다 더 소중히 아껴주세요. **아버지께서는 쏘나타 II(Y3)와 쏘나타(LF)를 모두 몰아보게 됐네요. 지금 쏘나타(LF)에서는 어떤 부분을 가장 마음에 들어 하시나요?** 두 차 사이에 20년의 세월이 있다 보니 아무래도 그동안 발전한 기술의 차이가 가장 크죠. 아버지께서 하이브리드 차는 처음이라, 부드럽게 운전하고 연비를 높이는 데 몰두하고 계세요. **쏘나타가 단순한 이동 수단이 아니라, 아버지와 딸의 기억을 이어주는 소중한 존재처럼 느껴져요.** 최근에 Simon&Garfunkel의 'Bridge Over Troubled Water'라는 노래가 좋아서 자주 들었는데, 제가 아주 어릴 때 부모님께서 차에서 즐겨 듣던 노래였다고 말씀해 주시더라고요. 저는 기억이 나지 않지만, 그때도 제가 이 노래를 좋아했다고 하셔서 신기했어요. **마지막으로, 화영 님에게 쏘나타란 어떤 의미일까요?** '나의 라임오렌지나무'예요. 저는 형제가 없어서 어린 시절 많은 시간을 보냈던 쏘나타가 어떨 때는 형제 같다는 생각이 들었어요. 길에서 쏘나타를 마주치면 가족들은 "우리 친구다!"하고 아직도 반가워해요(웃음).

추억을 이어가는 법

김준홍

50세
차종 스텔라, 쏘나타(Y2), EF쏘나타 등
차를 탄 기간 17년, 13년, 7년 등

특별한 취미가 있다고 들었어요. 올드카와 빈티지 물건을 수집하는 취미가 있어요. **시작하게 된 계기가 궁금해요.** 제 마음 한구석에는 늘 옛것을 누군가는 보존해야 하고, 그 누군가가 내가 될 수 있겠다는 생각이 있었어요. 그래서 2000년대 초부터 1940년대-1980년대 빈티지, 레트로 물건을 모으기 시작했어요. 분명 나중에 좋은 추억거리가 될 거라고 생각했죠. 차량도 예외는 아니었고요. 특히 차 디자인에 관심이 많았어요. **디자인에서 마음을 사로잡았던 차가 있을까요?** 1984년쯤 이웃 아저씨의 스텔라를 처음 봤을 때 느낌을 아직도 잊을 수가 없어요. 짙은 베이지색의 큰 차체와 그 색상과 같은 라디에이터 그릴, 살대가 있는 휠의 세련된 모습이었죠. 몇 날 며칠을 관찰하기도 했어요. **그 기억이 올드카를 수집하는 데 영향을 주었나요?** 몇 가지 이유가 있지만, 스텔라를 구매하게 된 계기가 되었죠. 약 20년 전, 우연히 스텔라88이 매물로 나와 바로 달려가 구매했어요. 하지만 조르제토 주지아로가 디자인한 초기형이 자꾸만 눈에 아른거리더라고요. 17년을 기다린 끝에 초기형 매물을 가지고 있는 사람이 있다는 소식을 들었어요. 며칠을 졸라 스텔라88과 추가금을 지불하고 초기형 스텔라를 손에 넣게 되었어요. **올드카는 유지·보수하는 일도 어려울 것 같아요.** 스텔라는 부속품을 구하기가 정말 어려워요. 같은 모델이어도 초기형, 중기형, 후기형이 있고 엔진도 다양해

서 있다고 해도 맞지 않는 경우들이 많았죠. 여기저기 숨어 있는 부속품을 찾기 위해 나주, 울산, 부산, 장한평에 이어 소도시의 오래된 카센터까지 안 가본 곳이 없었죠. **정말 전국 방방곡곡을 다니셨네요. 그렇게 해서 지금까지 스텔라·쏘나타의 어떤 차종들을 모으셨나요?** 스텔라 초기형, 스텔라 88, 쏘나타(Y2)의 전기 및 후기, 쏘나타 II (Y3), 쏘나타 III(Y3 F/L), EF쏘나타 GOLD, 뉴 EF쏘나타 GVS, 쏘나타 트랜스폼(NF F/L)까지 총 아홉 개를 모아봤어요. **올드카를 모으고 헤리티지를 이어 나간다는 것은 준홍 님께 어떤 의미인가요?** 사람은 누구나 추억을 느끼고, 이를 느끼는 매개체는 다양해요. 저는 자동차야말로 다양한 관계의 추억을 남겨주는 물건이라고 생각해요. 실물은 기억이나 사진을 뛰어넘는 힘을 가지고 있거든요. 그리고 자동차라는 특성 상 유지·보수를 위해 노력이 많이 들잖아요. 그런 어려움의 시간이 있기에 회상할 추억이 더 많아지는 법이죠. 추억 소환은 돈으로 살 수 없기 때문에 계속하는 것 같아요. 누군가는 해야 보존할 수 있으니까요. **스텔라와 쏘나타에 대한 의미도 궁금해지네요.** 저에게는 '친구' 같은 존재예요. 자동차라 말은 못 하지만 오랜 세월을 함께해 왔고, 아직도 달리고 있기 때문이죠. 그리고 저는 자동차가 생물이라고 생각하기도 해요. 내가 관심 가지고 사랑해 준 만큼 고장은 줄고 보답을 해주거든요.

쏘나타와 꿈을 키운 소년

박연준

36세
차종 쏘나타 II(Y3)
차를 탄 기간 14년

쏘나타와 본인을 같이 소개한다면요? 제 나이 네 살부터 열여덟 살까지 쏘나타 II(Y3)는 우리 가족과 함께했어요. 어린 시절의 대부분을 차지한 셈이죠. 어릴 때부터 자동차를 굉장히 좋아했고, 지금까지도 자동차 디자인 관련 일을 하고 있어요. **쏘나타를 처음 만났던 날을 기억하시나요?** 아버지께서 서울에서 차를 받으시고 부천 집까지 몰고 오셨어요. 당시 어머니와 저는 3층이었던 집에서 내려다보고 있었고요. 밤중이라 어두운 실루엣 속에서 노란 할로겐 헤드램프를 켜고 천천히 들어오셨죠. 네 살이었음에도 불구하고 그 장면이 생생하게 떠올라요. **그때 아버지께서 쏘나타 II(Y3)를 선택하신 이유가 있었을까요?** 1993년도 당시 신기술이 가장 많이 투입된 신차이기도 했고, 디자인도 마음에 들어 하셨어요. 그때 쏘나타 II(Y3)의 인기가 상당했고 아버지께서 최대한 빠르게 받기 위해서 이곳저곳 수소문하셨다고 하더라고요. **14년 동안이니, 꽤 오랫동안 쏘나타를 타셨어요.** 잔고장이 없고 유지·관리가 쉬웠던 차량이라, 다른 차에 대한 갈증을 느끼지 못하셨어요. 또 오래 탄 이유를 예상해 보자면, 제가 그 차를 아꼈기에 아들을 위해 오래 가지고 계셨을지도 모르겠네요 (웃음). **처음 소개하실 때 어릴 때부터 자동차를 좋아했다고 하셨죠.**

네, 그때만 해도 저희 동네에는 중형차를 소유한 가정이 드물었기에 친구들에게 저희 차를 자주 자랑하곤 했어요. 그러면서 자연스럽게 쏘나타에 대한 애정이 깊어졌고요. 쏘나타를 세대별로 그리기도 했죠. 그 모습을 본 아버지께서 '자동차는 쏘나타 1, 2, 3'이라는 제목을 붙여 현대자동차에 보내 보라고도 하셨어요. 초등학교 때의 기억이 훗날 제가 자동차 디자인 관련 학교를 간 계기가 되었죠. **아버지와 추억이 많은 것 같아요. 쏘나타를 타고 다녔던 다른 기억도 있나요?** 아버지랑 같이 파주 직천 저수지에 자주 낚시를 하러 갔어요. 가서 제가 도울 수 있는 건 없었지만, 아버지와 단둘이 앉아 여유를 즐기는 시간이 좋았어요. 특히 좋았던 건 그곳에서 끓여 먹는 라면이었어요. 붕어가 잡히면 라면 속 재료가 됐고, 허탕이면 허탕인 대로 오리지널 라면의 맛을 자연과 함께 즐겼죠. 어머니는 라면을 먹고 오는 저희를 아주 못마땅하게 여기셨지만, 아버지와 저는 소소한 일탈의 그 순간이 행복했어요. **가족과의 시간부터 지금의 직업까지 쏘나타와 다양한 추억을 가졌네요.** 저에게는 친구이자 반려동물과 같은 존재였어요. 여담으로, 제 이메일 주소는 아직도 당시 쏘나타 차량 번호랍니다.

흐르는 음악을 타고

박재현   54세
차종 스텔라
차를 탄 기간 3년

스텔라가 언제부터 가족과 함께했나요? 1984년도부터예요. 아버지께서는 그 전까지는 기사님이 운전하는 차를 타시다가, 스텔라를 구입하면서 운전면허를 따셨어요. **직접 모는 첫 차로 스텔라를 선택하신 이유가 있으셨을까요?** 넓은 실내 공간으로 다섯 식구가 타기에 충분했고, 당시에는 차량 크기가 안정성과 비례한다고 생각하셨기 때문에 스텔라로 결정하셨죠. 색도 한몫 했던 것 같아요. **차의 색이요?** 네, 어렸던 제가 봤을 때도 검정과 짙은 컬러가 대부분이었던 도로에 갈색 빛의 스텔라는 도심 속 사람들의 시선을 사로잡기에 충분했거든요. **아버지께서 차를 직접 몰면서 달라진 점도 있었을 것 같아요.** 전에는 뒷좌석에 탔는데, 스텔라로 바꾸고 나서는 조수석은 제 자리였어요. 옆에서 운전 중인 아버지를 위해 라디오 주파수를 바꿔드리는 임무를 맡았었죠. **차 안에서 특히 자주 듣던 노래는요?** 아버지가 좋아하는 클래식 카세트 세트가 있었어요. 오페라 '라 트라비아타'인데, 1막의 '축배의 노래'는 너무 자주 들어서 뜻도 모르지만 거의 비슷하게 따라 불렀죠. 좀더 컸을 때는, 제가 좋아하는 노래를 워크맨에 따로 담아서 혼자 듣곤 했어요. 같은 차 안에 있지만 다른 음악을 듣는 저 자신이 나름 멋있다고 생각했죠(웃음). 그럴 땐 똑바로 앉지 않고 몸을 기울여 머리를 창문에 대고 들어야만 그 멋이 나요. **그 노래를 들으면서 주로 어디를 가곤 했나요?** 아버지는 새 차를 구매하시면 꼭 첫 주말에는 가족들을 데리고 춘천에 갔어요. 새 차의 성격을 알아보기 위해서였죠. 핸들의 손맛과 코너링, 실내의 안락함을 점검하셨어요. 그리고 휴가철이나 연휴가 되면 영동 고속도로를 타고 본격적으로 운전을 테스트하셨어요. 지금 영동 고속도로는 길이 잘 뚫려서 직선 도로지만, 그때까지만 해도 대관령을 따라 구불구불한 길이었거든요. 그 길을 오르며 엔진의 파워와 코너링을 테스트하셨죠. **그때 기억을 생생하게 가지고 계시네요. 또 생각나는 장면이 있나요?** 가끔 길을 가다가 스텔라나 쏘나타(Y2)를 마주치기도 해요. 그럴 때마다 1988년도에 직접 목격했던 88 올림픽 성화 봉송이 떠올라요. 도로에는 세계 각국의 깃발과 장식 배너가 가득하고, 하얀색 러닝복을 입은 성화 주자와 보조 주자들, 그들 앞을 가이드 차량으로 하얀색 쏘나타(Y2)가 선두에서 천천히 달리는 모습까지. 너무나도 화려하고 장엄한 장면으로 기억하고 있어요. 우리나라에 대한 아주 큰 자부심을 느꼈던 순간이거든요.

세 사람의 동반자

이상엽

52세
차종 스텔라, 쏘나타 II(Y3), 쏘나타 III(Y3 F/L)
차를 탄 기간 4년, 5년, 5년

부모님 두 분이 모두 스텔라와 쏘나타 차주셨다고요. 아버지께서는 포니를 먼저 타시다가 스텔라 그리고 쏘나타 II(Y3)로 바꾸셨어요. 원래 현대자동차의 차를 좋아하셨던 것 같아요. 당시 국내에서 출시되는 차들 중에서 최신 기술이 적용되고, 디자인도 파격적인 차라고 생각했으니까요. 대부분 아버지들의 드림카 아니었을까요? 어머니는 자영업을 하시다 보니, 이동도 잦고 짐도 같이 싣고 다니셔야 했어요. 그래서 크고 안전한 쏘나타를 구매하셨던 것 같아요. 아마 아버지의 영향이 있었겠죠. **상엽 님은 쏘나타를 처음 만났을 때를 기억하시나요?** 쏘나타 II(Y3)를 출고하실 때 저를 데리고 직접 울산 출고센터에 가셨어요. 그때 새 차를 타고 나오실 때의 뿌듯한 모습과 제 코끝에 남겨진 새 차의 향기는 아직도 생생히 남아 있어요. **두 분의 운전 습관이나 스타일도 다르셨을까요?** 그때만 해도 여성 차주가 많지는 않았어요. 아버지는 오랜 운전 경험으로 가족들을 태우고 매끄럽고 편안한 운전을 하셨던 반면, 어머니는 늘 조심하셨어요. 어릴 땐 그런 어머니의 차를 타면 불안했던 기억이 있는데, 그 습관 덕분인지 어머니는 평생 무사고로 운전을 하셨답니다. **아버지의 차는 주로 가족 모두를 태우고 다니는 경우가 많으셨나 봐요.** 맞아요. 주말이면 스텔라를 타고 경주, 부산 등 가족 다 같이 여행을 떠났어요. 주로 조수석이 제 자리였고, 뒷좌석은 어머니와 동생 차지였어요. 저는 항상 조수석에서 아버지 조수 역할을 하며, 지도책을 펼치고 길 안내를 했어요. **어머니의 차는 주로 어떨 때 탔나요?** 시장에 갈 때 자주 이용했어요. 함께 갈 땐 무거운 짐을 옮겨 드리고, 마무리로 시장 떡볶이와 순대를 늘 필수 코스로 먹었죠. **귀엽고 소소한 추억이네요. 나중에는 어머니의 쏘나타 III(Y3 F/L)를 물려받아 타셨다고요.** 군 입대 전에 면허를 취득했고, 군대는 운전병으로 복무했어요. 그래서인지 말년 병장 휴가를 나왔을 때 어머니께서 차를 흔쾌히 내주시더라고요. 그 당시 휴가를 같이 나온 친구들과 울산에서 강원도까지 장거리 여행을 다녀왔던 추억이 있어요. **제대 후에도 어머니 차를 빌려서 타곤 하셨나요?** 대학 생활을 타지에서 해서, 복학 후 어머니 차를 몇 개월간 빌려 탔어요. 당시 저는 물론 자취하던 친구들이 이사할 때마다 용달차 역할을 했죠. 덕분에 친구들이 짜장면을 많이 사줬네요(웃음). 어머니께서 자영업을 그만두고 나서는 아예 저에게 물려주셨어요. **모든 가족이 쏘나타를 거쳐 간 셈이네요.** 맞아요. 그래서 저에게 쏘나타는 '삶의 동반자'이자 가족 같아요.

카메라에 담은 환상의 짝꿍

김재욱

39세
차종 쏘나타(YF)
차를 탄 기간 7년

첫 차로 쏘나타(YF)를 선택하셨어요. 이유가 있을까요? 처음 공개됐을 때부터 디자인이 마음에 들었어요. 강렬한 디자인의 헤드램프, 차체 곳곳에서 느껴지는 강렬한 캐릭터 라인, 경사 폴딩 미러 등 미래지향적이라고 생각했어요. **꿈에 그리던 차를 가지게 된 날, 어떤 기분이었나요?** 그날은 걸어 다녀도 둥둥 떠다니는 느낌이었어요. 그날 퇴근하고 동기들과 제부도에 가서 저녁을 먹기로 했는데, 이 차를 운전해 본 적도 없고 기분이 들떠 있다 보니, 미숙한 조작으로 동기들이 멀미를 할 뻔했죠(웃음). **드림카를 갖게 되었으니 그럴 수밖에요. 차를 타면서 가장 좋아하는 시간도 있었을까요?** 깨끗하게 손 세차를 하고 사진 찍는 시간이 가장 좋았어요. 세차 후에 깨끗해진 차를 몰고 근처 공터에 가서 사진에 담았죠. 세차한 보람도 있고 사진도 잘 나오니 기분도 좋았고요. 그런 시간들이 모여서 앨범 제작으로 이어진 거고요. **앨범 제작이라니, 어떻게 찍게 되신건가요?** 대학생 시절부터 사진 찍는 게 취미였어요. 세차 후 차 사진을 남기면서 점점 욕심이 생겼죠. 차를 모델로 삼고 카탈로그 같은 사진을 찍고 싶어졌어요. 차는 옷을 바꾸거나 표정을 지을 수 없으니 좀더 멋진 구도와 장소를 찾으면서 계속되었죠. **특히 만족했던 사진도 있었나요?** 열 손가락 중 깨물어서 안 아픈 손가락이 있냐고 묻는 것과 같아요(웃음).

그러니까 더 궁금하네요. 그중에서도 조금이라도 더 마음이 가는 사진이 있다면요? 그렇다면 2013년에 촬영한 터널 속 사진을 선정하고 싶어요. 당시는 미개통 도로로 공사가 거의 끝나갈 무렵이었기 때문에 아무도 없었거든요. 이제는 많은 이들이 이용하는 도로라 두 번다시 촬영할 수 없는 장소가 되어버렸죠. **도로나 특정 공간에서 촬영하려면 제약도 많았을 것 같은데요.** 제 사진은 모두 1인 촬영인데요. 촬영 장소에 도착하면 차량 방향을 정하고, 타이어의 각도, 빛의 방향, 배경과의 조화 등 고민할 게 너무나 많았어요. 장난감 차가 아니기 때문에 손으로 움직일 수도 없고, 밖에서 보면서 하는 게 아니라 차 안에 앉아서 조절해야 하니 미세한 조정 작업이 가장 어려웠어요. 그래도 항상 결과물이 다 보상을 해주더라고요. **누구보다 쏘나타와 단둘이 함께한 추억이 많아요. 재욱 님과 쏘나타의 관계를 정의한다면요?** <아이언맨>에 나오는 '자비스' 같은 관계라고 말하고 싶어요. 저에게 말을 해주지는 않지만 주고받는 느낌이 있었거든요. 이제는 다른 주인에게 보내주었지만요. **마지막으로 애정이 깊은 쏘나타에게 한마디를 건네주세요.** 수명이 다하는 날까지 오너분의 동반자로서 힘차게 달려주길 바라고, 앞으로 내가 어떤 차를 타더라도 너와의 추억을 뛰어넘는 차는 없을 거야. 정말 고마웠어.

또 하나의 식구

권세영

35세
차종 쏘나타 II(Y3)
차를 탄 기간 22년

미국에서부터 가족의 차로 쏘나타를 타셨다고요. 해외에서도 부모님께서 쏘나타 II(Y3)를 선택한 이유가 궁금해요. 아버지께서 1년간 미국에서 공부를 하게 되었는데, 먼 거리의 이동을 위해 다같이 탈 차가 필요했어요. 당시 주변에서는 해외 브랜드 차를 많이 권했는데, 아버지께서는 한국 사람이니 해외에서도 한국 차를 타야 하지 않을까 하는 마음이 있었다고 해요. 쉽게 질리지 않을 것 같은 디자인도 선택에 요인이 되었고요. **미국에 있는 동안 차를 타고 갔던 곳 중에 가장 기억에 남는 장소는 어디인가요?** 주말이면 아버지께서 시간을 내어 이곳저곳 여행을 많이 갔어요. 특히 미국 서부 국립 공원들인 옐로스톤, 요세미티, 그랜드 캐니언 등을 자주 다녔고, 박찬호 선수가 LA 다저스에 있을 당시 야구 경기도 보러 갔던 기억도 나요. **차 안에서의 추억이 있다면 들려주세요.** 아버지께서 영어공부에 관심이 많으셔서 차에 탈 때면 늘 영어회화 공부 테이프를 틀어 주셨어요. 한글로 한 문장 나오고, 영어로 이어서 한 문장 나오는, 그 테이프에서 나왔던 문장이 아직도 생각이 나네요. **1년 후, 한국으로 돌아오실 때도 쏘나타를 그대로 가지고 오셨어요. 미국과 한국에서의 도로 차이나 운전 습관도 다를 것 같은데 체감한 부분이 있나요?** 고향이 강릉인데, 그때는 강릉으로 가는 도로가 잘 뚫리지 않았어요. 굽이굽이 넘는 길이라 멀미를 자주 했던 기억이 나요. 미국은 오히려 길이 쭉 뻗어 있는 편이었거든요. 먼 곳에 갈 때면 뒷좌석 매트를 깔아 주셔서, 저와 동생은 놀거나 누워서 갔지만, 아마 운전하는 아버지께서 가장 힘들지 않으셨을까 싶어요. **쏘나타는 언제까지 함께했나요?** 1995년에 구매하여 2017년까지 탔으니까, 20년 넘게 저희 가족의 발이 되어주었네요. **거의 식구나 다름없겠어요.** 지금까지 살아온 인생의 절반을 쏘나타와 함께한 셈이죠. 쏘나타 II(Y3)의 엔진 소리를 하도 많이 들었다 보니, 이제는 엔진 소리만 잠깐 들어도 '어? 쏘나타 II(Y3)인가?' 싶었던 경험이 많아요. 대체로 맞기도 했고요. '저 쏘나타 안에는 나처럼 누군가의 추억이 담겨 있겠지.' 하는 기분도 종종 들었어요. **20년 넘게 곁에 있었던 쏘나타를 어떻게 기억하고 싶나요?** 뒷좌석에서 느꼈던 차의 냄새부터, 시트의 재질, 들었던 카세트테이프 등 모든 것들이 아직까지 생생하게 남아 있어요. 이를 이어주는 것이 쏘나타인 만큼, 저의 어린 시절과 부모님의 젊었던 시절을 함께 떠올리게 해주는 '추억의 매개체'라고 할 수 있겠네요.

The shared time
that connect us

우리를 이어준 시간

쏘나타가 지나온 오랜 여정 속 다양한 고객들과 만나며 수많은 이야기를 쌓아온 이들이 있다. 바로 현대자동차의 '카마스터'다. 단순한 판매를 넘어 고객 맞춤형 컨설팅부터 사후 관리까지 책임지는 전문가를 의미한다. 이들은 쏘나타를 통해 고객의 삶에 스며들고, 희로애락을 함께하며 끈끈한 유대감을 형성해 왔다. 고객들에게 더 좋은 차와 만족감을 주기 위해 발로 뛰고 손으로 적으며 한 명 한 명에게 진심을 전하는 일. 함께 쌓아온 시간은 쏘나타가 지나온 세월에 고스란히 녹아 있다.

글 이의성 사진 스튜디오 소설

세심한 기록과
기억의 힘

대전지점 김기양 영업이사

안녕하세요 이사님, 간략한 자기소개를 부탁드립니다.

안녕하세요. 현대자동차 대전지점에서 근무하고 있는 카마스터 김기양입니다. 지금까지 33년간 카마스터로 일을 하면서 현장에서 다양한 고객들에게 현대차를 판매해왔습니다. 입사했을 때가 1991년 10월이었는데, 한창 2세대 쏘나타(Y2)가 판매되던 때였어요.

1990년대 당시 쏘나타는 고객들에게 어떤 차량이었나요?

쏘나타(Y2)가 막 출시되었을 때는 선망의 대상이었죠. 대부분 천 시트로 되어 있던 차들 사이에서 가죽 시트를 가지고 있었거든요. 또 에어컨이나 파워 핸들이 모두 적용되어 있는 차도 흔치 않았어요. 생각해보면 당시 쏘나타(Y2)는 지금의 제네시스 G80을 타는 정도의 고객분들이 구매하지 않았나 싶어요. "힘들지 않게 운전할 수 있는 차." 손님들이 그 이야기를 참 많이 했어요.

그동안 여러 세대의 쏘나타를 판매하셨을 텐데, 이사님께 가장 기억에 남는 모델이 무엇일지 궁금합니다.

기억에 가장 남는 건 쏘나타 II(Y3)예요. 디자인의 변화가 커서 획기적이었을 뿐더러, 인기가 많아 없어서 못 팔 정도였죠. 쏘나타를 타고 싶어 하는 손님들이 넘쳐나서 색깔이나 옵션은 불문하고 그냥 쏘나타면 고마워했어요. 바퀴 하나 빠져도 좋다는 정도였으니까요. 반응이 정말 대단했죠. 그런데 결과적으로 저는 많이 팔지는 못했어요(웃음). 인기가 너무 좋아서 계약하는 데만 1년이 걸렸거든요.

당시의 분위기는 어땠나요? 아무래도 자동차가 귀했던 시절이다 보니 오늘날과 달랐을 것 같아요.

차를 산다는 것 자체가 아주 큰 가족 행사였어요. 쏘나타는 더 큰 의미를 가졌죠. 쏘나타 II(Y3) GL 하나 사러 오는데도 온 가족이 총출동해서 어깨에 힘주고 오시는 거죠. 그땐 자식도 많아서 다섯명에 부모님까지 모시고요. 차를 사서 집에 가서도 마찬가지였어요. 동네 사람들이 다 모여서 구경하고 그랬죠. 지금처럼 차가 흔하지 않고, 새 차를 접하는 게 생소했으니까요. 얼마나 귀했으면 새 차를 직접 데려가겠다며 울산 공장까지 내려가신 분들도 정말 많았어요.

쌓아온 여러 이야기들 중 기억에 남는 고객분이 있으신가요?

한 분의 아버지가 1세대 소나타(Y1)를 계속 타고 다니셨어요. 듣기로는 아버님은 차를 거의 몰지 않으시고 매일 닦기만 하셨대요. 사모님도 그 차 타려면 슬리퍼 신고는 절대 못 탄다고 하시더라고요. 손주가 뭘 흘릴까 봐 걱정하면서도 손주를 아끼는 모습이 인상 깊기도 했죠. 결국 자식들이 돈을 모아서 쏘나타(LF)를 사드리더라고요. 정말 대견했죠. 쏘나타를 10년 이상 타시다가 다른 차로 바꾸시는 분들은 쏘나타에 대한 로망과 아쉬움을 가지고 계세요. 그 차에 행복과 추억이 다 담겨 있는 거죠. 아이들 데리고 여행을 갔던 기억, 수능 시험을 보러 태워다 줬던 기억 같은 것들이죠. 유독 쏘나타에 그런 애틋함이 많이 남아 있는 것 같아요.

얼마 전에는 한 고객분께서 2006년의 제 명함을 가지고 오셨어요. 쏘나타(NF)를 구매했던 고객분이 20년 만에 다시 찾아주신 거죠.

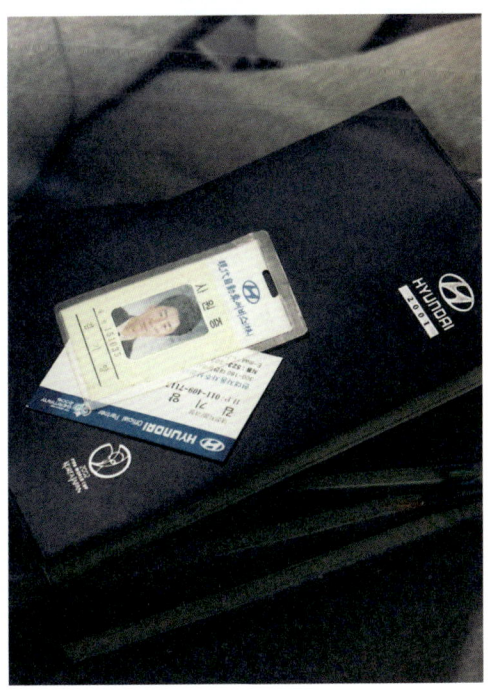

오랜 시간 고객과 관계를 쌓아가다 보니, 당시와 요즘의 판매 방식의 차이를 많이 느끼실 것 같아요.

완전히 바뀌었죠. 그때 당시는 직접 발품을 팔아가며 가가호호 방문했어요. 고객분들도 그걸 자연스럽게 받아들여 주셨고요. 추운 날에는 난로 옆에서 몸 좀 녹이고 가라고 하기도 하고, 한여름에는 시원한 물도 주시고요. 점심시간에 방문하면 밥 먹고 가라고 하는 경우도 있기도 했고요. 그때는 그런 정이 많았어요. 요즘은 방식이 바뀐다고는 하지만 전 아직까지 주변 매장과 사무실들을 일일이 찾아가곤 해요. 오전 4시 50분에 나와서 운동 삼아 1시간 정도 전단지나 명함을 하나씩 놓아요. 그러고 나서 출근하면 6시 반 정도가 되죠. 그렇게 하루 일과를 시작해요. 예전부터 이어져 온 루틴이죠.

지금도 여전히 그 시절의 루틴을 고수하신다는게 놀라운데요.

이렇게 해온 지 벌써 17-18년 된 것 같아요. 지금은 몸에 배서 그렇게 하면 마음이 편합니다. 어떻게 보면 이 일을 시작하면서 저 스스로와 한 약속이기도 했고요. 이 일을 하면서 제일 중요한 건 초심을 잃지 않는 것 같아요. 지금도 새벽부터 다니는 이유가 초심을 잃지 않기 위해서예요. 아침에 무슨 일이든 하고 와서 제 자리에서 일을 하면 뭔가가 뿌듯하고, 고객을 대하는 제 마음가짐도 달라지는 것 같아요. 결국은 마음이거든요.

고객과의 관계를 유지하는 이사님만의 비결이 있으신가요?

저만의 판매 방식을 한 마디로 정리하자면 '관계와 맥락'이에요. 차를 구매하며 관계를 시작한 고객분들이 다시 저를 찾으시거든요. 제 자리에는 항상 고객분들의 정보를 알 수 있도록 수기로 빼곡히 적어둔 노트가 있었어요. 지금은 컴퓨터로 처리하지만요(웃음). 고객에게 전화가 오면 미리 정리해둔 정보로 "아 그 차 넘버가 뭐였던 것 같은데…."하며 언제, 무슨 색의 어떤 차를 사갔는지 이야기하면 감동하시더라고요. 저의 그런 세심한 부분들을 고객분들이 고마워하시는 것 같아요. 얼마 전에는 한 고객분께서 2006년의 제 명함을 가지고 오셨어요. 쏘나타(NF)를 구매했던 고객분이 약 20년 만에 다시 찾아주신 거죠. 그럴 때마다 이 일에 대한 보람을 느낍니다.

움직이는 사무실에서
보낸 기억

수지지점 김대식 영업부장

온화한 미소로 반겨주셔서 감사합니다. 소개로 시작해 볼까요?
현대자동차 수지지점에서 근무하고 있는 카마스터 김대식이라고 합니다. 1985년에 입사해서 쏘나타와 입사 동기입니다(웃음). 1세대 소나타(Y1)부터 카마스터로 일을 시작해서, 여덟 세대에 걸쳐 현장에서 정말 많은 고객분들을 만나왔어요.

40년간 현장에서 일하셨다 보니 차를 둘러싼 풍경이 변해 왔는지 느끼실 것 같아요. 그때 그 시절만의 분위기가 있었나요?
예전에는 차를 인도해 드리는 날짜도 길일을 정해서 차를 가져다 달라고 하거나, 손 없는 날에 맞춰달라고 하시는 분들도 많았어요. 특히 차를 사면 꼭 고사를 지냈죠. 그때는 휴대폰도 없으니 사무실로 전화가 와요. 언제 고사 지낼 거니까 떡 먹으러 오라고요. 그날에 맞춰서 시루떡도 해놓으시고, 저희도 같이 가서 절하고 돈도 꽂고 그랬거든요. 그런 자리가 늘 저녁의 일상이었어요. 워낙 떠들썩하다 보니 온 동네 사람들이 모이거든요. 그때 다른 고객분들을 소개받기도 하고, 그렇게 알게 된 분이 또 차를 구매하러 오시는 경우도 많았죠. 카마스터인 저희까지 초대해 주는 그런 정겨운 분위기였어요.

그 시절 차에 대한 의미도 각별했던게 느껴지네요. 특별히 기억에 남는 고객분 있으신가요?
당시에는 추석이나 설날, 연말에 차를 구매하는 수요가 몰리곤 했어요. 고향 갈 때 새 차, 좋은 차를 뽑아서 부모님과 가족들에게 보여주고 싶은 마음 때문이었죠. 그렇지만 인기가 너무 많아서 차를 인도받기까지 꽤 오랜 기간을 기다려야 했어요. 제가 쏘나타(Y2)를 판매했던 고객분도 차 납기가 상당히 오래 걸렸는데, 무슨 수를 써도 명절 전까지 차량 인도를 맞출 수가 없는 거예요. 부모님께 자랑하고 싶다고 하셨는데, 맞춰드리지 못해서 정말 죄송했던 기억이 나네요. 또 한 번은 고객님이 바쁘시다며 통장이랑 도장을 주시고 차량 구매 대금 중 쓸 만큼 쓰고 다시 돌려 달라고 하신 적도 있어요. 그럴 때일수록 10원 한 장이라도 정확하게 처리해야 하죠. 한편으로는 저를 테스트하시나 하는 생각도 들었고요(웃음).

차가 귀한 시절이었다 보니, 차를 관리하는 방식도 달랐을 듯 해요.
그땐 고객분들이 원하는 관리 품목이 정해져 있었어요. 창문에 다는 '선바이저', 천 시트 위에 씌우는 '가죽 시트' 등이 대표적이었죠. 요즘은 아예 없어진 건데, '바디 커버'도 많이 찾으셨어요. 중요한 재산이다 보니, 먼지나 비를 맞지 않게 덮어 씌우는 거죠.

부장님께선 직접 쏘나타를 몰기도 하셨다고요.
카마스터를 하면서 총 24대의 차를 직접 구매해서 탔는데, 대수로는 쏘나타가 가장 많아요. 원래는 다른 준중형 차를 탔는데 아이들이 커가면서 더 큰 차가 필요했거든요. 쏘나타 II(Y3)를 거쳐, 뉴 EF쏘나타, 6세대 쏘나타(YF) 등 총 5대를 몰았어요. 그중 쏘나타 II(Y3)를 가장 오래 탔고 만족도도 높았어요. 애착도 있고 업무적으로도 많은 의미가 있는 차죠. 회사 동기 같은 존재라고 할까요(웃음).

쏘나타 II(Y3)는 얼마나 타셨나요?

당시에 쏘나타 II(Y3)를 새 차로 뽑아서 15년간 35만km를 탔어요. 휴대폰이 있던 시절이라, 운전 중에 고객 전화가 오면 급히 한 손을 핸들에 대고 메모를 하고, 수동 기어다 보니 다른 한 손으로는 기어 변속하고 그랬죠. 지금 생각하면 무모했네요. 저에게 쏘나타는 움직이는 사무실이기도 했어요. 타는 내내 한 번도 문제를 일으킨 적이 없었고 애정하던 차였는데, 너무 오래되어 아쉽게도 폐차시켰죠.

부장님께 쏘나타는 어떤 의미인가요?

쏘나타는 저에게 개인 사무실이자 가장 큰 도움을 준 차입니다. 제가 판매한 전체 차량 대수는 정확히 확인해 보아야겠지만, 차종별로 따져보면 쏘나타를 가장 많이 판매했을 겁니다. 특히 5세대 쏘나타(NF)나 6세대 쏘나타(YF) 때 많이 판매했던 것 같아요. 쏘나타로 맺어진 인연이 계속 유지되어서 다른 차량 판매들로 이어질 수 있었으니까요. 그런 점에서 쏘나타는 저에게 연결고리였습니다.

쏘나타 II(Y3)를 15년간 35만km를 탔어요. 운전 중에 고객 전화가 오면 급히 한 손을 핸들에 대고 메모를 하고, 다른 한 손으로는 기어 변속하고 그랬죠. 저에게 쏘나타는 움직이는 사무실이기도 했어요.

쏘나타가 고객분들에게는 어떤 의미를 갖는 차라고 생각하세요?

보통 사회 초년생이나 차를 처음 사시는 분들의 경우 준중형의 차를 구매하시는 경우가 많죠. 그러다가 사회생활을 어느 정도 밟아 나가게 되면서 조금 더 편안하고 안정적인 차를 열망하게 됩니다. 그런 과정을 거쳐 쏘나타를 선택하시는 경우가 많거든요. 사회생활의 전성기로 접어드는 인생의 어떤 구간을 연결해주는 역할을 하는 거죠. 가장 많은 대중과 접점을 가지고 있는 차량이기도 하고요. 요즘도 쏘나타 후속 모델 출시를 물어보는 고객분들이 많아요.

여전히 고객분들이 쏘나타를 찾는 이유가 무엇일까요?

많은 사람이 쏘나타에 대한 추억과 애환을 가지고 계신 것 같아요. 아버지의 차였든, 본인의 소유였든 주위에서 쉽게 볼 수 있는, 정말이지 우리 모두의 쏘나타였으니까요. 긴 세월에 걸쳐 '쏘나타'라는 이름에 각인된 힘이 있어요. 그런 대표성과 상징성이야 말로 쏘나타만이 가지고 있는 힘이기도 하고요.

울산 주행시험장에서 점검 중인 스텔라

쏘나타 클레이 모델 디자인 과정

쏘나타(Y2) 전기차

쏘나타(Y2) 시작차 제작 기념식

품질 검수 중인 쏘나타(Y2)

스텔라 충돌 테스트

쏘나타 250만 대 생산 기념식

쏘나타(Y2) 1호차 출고

해외 딜러단에게 소개되는 스텔라

Once new, now familiar

낯설었던 것이 당연해지기까지

익숙함은 언제나 처음의 낯섦에서부터 시작된다. 어색하고 멀게만 느껴지던 것들도 세월을 함께하다 보면 어느새 삶의 일부가 된다. 쏘나타는 수많은 변화의 시작점에서, 한발 앞서 길을 닦아 온 차였다. 쏘나타와 그 곁을 함께해 온 이들의 이야기를 통해 처음 걸어 나갔던 길의 흔적들을 따라가 본다.

글 현대자동차·이주연 **그림** 네르

길을 만든 수많은 걸음들

늘 똑같아 보이는 도로에도 조금씩 달라져 온 풍경이 스며들어 있다. 시동을 걸기 전 스마트폰으로 차의 에어컨을 켜고, 전기차가 조용히 옆을 지나간다. 차를 고르는 방식도 다양해졌다. 연비나 가격에 더불어 차체의 선이 마음에 들거나, 자신과 분위기가 잘 맞는다는 이유로 차를 고르는 사람들도 많아졌다. 그렇게 저마다의 인상과 취향이 반영된 선택이 이제는 꽤 익숙해졌다. 하지만 이러한 변화가 처음부터 당연했던 건 아니다. 하나의 기술이 도로 위에 오르기까지는 반복된 시도와 수많은 시행착오가 있었고, 새로운 디자인은 때론 의아한 시선을 받거나 선뜻 받아들여지지 않기도 했다. 낯선 것들을 하나씩 일상으로 바꾸는 과정은 현대자동차가 끊임없이 시도해 온 길이었다. 그리고 그 길에는 쏘나타라는 이름이 함께 있었다.

쏘나타의 작은 시도들은 오늘의 변화를 가능하게 한 걸음들이었다. 1991년, 전기차라는 개념조차 생소하던 시절에 현대자동차는 2세대 쏘나타(Y2) 차체를 기반으로 브랜드 최초의 전기차를 개발했다. 이 실험차는 주행거리도 짧고 배터리도 무거웠지만, 새로운 가능성에 대한 탐색으로서 분명한 출발점이었다. 시간이 흘러 2011년, 현대자동차는 6세대 쏘나타(YF)를 통해 독자 개발한 병렬형 하이브리드 시스템을 처음으로 선보였다. 당시 주요 완성차 업체들이 적용하던 시스템을 따르지 않고, 브랜드 고유의 시스템을 개발해 낸 이 선택

은 하이브리드 기술의 독립을 알리는 상징적인 순간이었다. 더불어 쏘나타(YF)에는 현대자동차의 디자인 철학인 '플루이딕 스컬프처'가 최초 적용되기도 했다. 디자인 철학의 적용은 단순한 외형의 변화가 아니라, 디자인을 통해 브랜드의 가치와 정체성을 표현하고자 하는 의지였다. 자동차의 심장인 엔진에서도 변화는 이어졌다. 자동차 불모지인 한국에서 처음 자동차를 만들던 시절에는 미쓰비시에서 엔진을 수입해 사용할 수밖에 없었지만, 현대자동차는 독자 기술을 향한 노력을 꾸준히 이어갔다. 그렇게 발전해 온 엔진 기술은 5세대 쏘나타(NF)에 이르러 '세타'라는 이름으로 구현되었고, 미쓰비시와 다임러크라이슬러에 수출되기에 이르렀다. 기술을 들여올 수밖에 없던 처지에서 기술을 전하는 위치로 성장하기까지, 쏘나타는 늘 그 첫 번째 주자로 낯설고 어려운 기술과 시도를 먼저 감수해 왔다.

그리고 그 곁에는 언제나 함께 달려온 사람들이 있었다. 40년의 시간 동안 8세대에 걸쳐 그들은 시행착오를 묵묵히 견뎌 왔고, 작은 실험으로 시작한 시도는 새로운 표준으로 자리 잡아왔다. 우리가 익숙하고 편안하게 여기는 장면에도 한때 조심스럽게 내딛던 그들의 첫 발자취가 남아 있다. 이처럼 수많은 사람들의 대담한 시도가 있었기에, 쏘나타는 변화의 순간마다 존재할 수 있었다.

쏘나타(Y2) 전기차와 태양광 자동차를 개발한 연구원들

쏘나타와 함께 한 보씩 나아가며

윤건식 前 팀장
정화준 책임연구원

만나서 반갑습니다. 쏘나타 개발 역사에 관해 생동감 있게 전해주실 두 분과 함께하게 되어 기쁩니다. 동료들과 협업하며 긴 시간 쏘나타 PM Project Manager**으로 지내오셨는데요. 그간 현대자동차와 어떤 역사를 함께해 오셨나요?**

윤건식 안녕하세요, 1990년에 현대자동차에 입사해서 1995년부터 PM 업무를 맡은 윤건식입니다. 쏘나타로는 4세대(EF), 6세대(YF), 7세대(LF), 8세대(DN8)까지, 네 세대에 PM으로 함께했어요. PM이란 제품 개발의 기획부터 양산까지 전 과정을 총괄하는 역할이라고 소개할 수 있을 것 같아요. 구체적으로는 상품성, 일정, 비용과 목표를 관리하고 설계, 생산, 마케팅 등 유관 부서와 조율하며 개발 목표를 달성하는 직무입니다.

정화준 만나서 반갑습니다. 저는 현대자동차에 1994년 입사했고, 2002년부터 PM 업무를 맡은 정화준입니다. 쏘나타로는 4세대(EF)부터 8세대(DN8)까지, 다섯 세대에 PM으로 함께했고 초기에는 해외 생산차 위주로 PM 업무를 맡아왔어요.

초기 시절을 이야기 해주셨는데요. 쏘나타 PM으로 처음 참여한 시절을 기억하고 계시는지요?

윤건식 물론이죠. EF쏘나타 개발 당시, 'EF추진팀'이라는 이름으로 현대자동차에 PM 조직이 처음 생겼어요. 저는 이전에 생산기술 업무를 해왔기에 해당 업무 중심으로 PM 일을 시작했습니다. EF쏘나타를 준비하던 시기, 현대차는 아산공장 설립을 앞두고 생산 공정의 자동화를 본격적으로 추진하고 있었어요. 하지만 이전 세대인 쏘나타 II(Y3)에서 사용하던 외부 플랫폼은 자동화 공정과는 잘 맞지 않는 구조였죠. 그래서 EF쏘나타부터는 시작부터 자동화를 염두에 두고 독자 플랫폼을 설계하고 개발했어요. 저는 이 과정에서 자동화

공정이 정확하게 진행되도록 설계 요건을 정의하고, 관련 부서들과 조율하는 역할을 맡았습니다.

정화준 제가 PM으로 합류한 시기는 현대자동차가 중국에 막 진출할 즈음이었어요. 처음엔 우리나라에서 생산한 EF쏘나타를 수출했는데, 나중에는 북경현대 현지 연구소 주관으로 현지화 모델을 만들어 보자고 해서 출장도 자주 나갔죠. 보안이 엄격해서 도면 3D 데이터도 인터넷으로 전송 못하고 출력해서 보내야 했어요. 주재원과 현지 직원들이 도면에 직접 수정 사항을 손으로 그려서 보내오면 한국에서 3D 데이터를 수정하는 식으로 업무가 진행되었어요.

앞서 PM에 관해 간략하게 소개해 주셨지만, 두 분이 생각하는 PM 역할에 관해 조금 더 구체적으로 들어보고 싶어요.

윤건식 저는 늘 PM 역할이 오케스트라 지휘자 같다고 생각해 왔어요. PM 판단으로 과정과 결과가 달라지기에 프로젝트에 있어 중요한 역할인데요. 동시에 모든 일은 PM 혼자서만 진행하는 게 아니라 동료들과 함께한다는 데서 의미가 커요. 같이 고민하고, 문제를 해결하고, 그렇게 더 나은 과정을 만들어 나가면서 쏘나타의 역사가 만들어졌다고 생각하거든요. 돌아보면 저는 PM 역할을 하며 자동차 산업을 총망라해서 경험해 보았고, 그 과정에서 동료들과 협업하며 더 좋은 결과를 이뤄낼 수 있었어요.

정화준 자동차 개발은 규모가 큰 프로젝트여서 계획을 잘 구성해도 틀어지기 쉬운데 모든 상황을 관할하며 목표까지 제대로 도달하도록 매끄럽게 돕는 것이 PM의 역할이라고 생각해요. 제 경우엔 함께해 나가는 동료들이 있기에 믿음을 가지고 의지하며 나아갈 수 있었죠. 중간에 문제가 생기면 유관 부서와 협의해야 했는데, 그럴 때면 구성원 모두 머리를 모아 해결 방안을 모색하곤 했어요.

아산 공장에서 생산 중인 쏘나타 III(Y3 F/L)

PM의 역할이 중요한 만큼 동료와의 호흡도 중요한 요소군요. 본격적으로 프로젝트 이야기를 해볼게요. 5세대 쏘나타(NF)는 미국 앨라배마 공장의 첫 생산차이기에 의미가 남다를 텐데요. 기억에 남는 장면에 관해 들어보고 싶어요.

정화준 연구원들이 대규모로 직접 시험차 모니터링을 하면서 만전을 기한 기억이 나요. 팀별로 차를 할당해서 문제점이 발견되면 다 같이 협의하고 주간으로 품질 회의를 했죠. 쏘나타 트랜스폼(NF F/L)을 개발할 때는 미국으로 자주 나갔는데, 출장지에서 수급한 정보들을 남양연구소에 알리고 현지에선 진행 현황을 발표하곤 했어요. 그 당시는 일상이 온통 쏘나타로 가득하던 시기였어요. EF쏘나타 중국 생산 모델과 쏘나타 트랜스폼(NF F/L)이 동시에 진행되던 때라 중국에 다녀오자마자 다음 날 바로 미국으로 떠난 적도 있었거든요. 쏘나타를 위해 동분서주하던 때라 특히나 기억에 많이 남네요.

쏘나타로 매일을 채워나간 시기인 만큼 보람과 고민이 함께였을 텐데요. 이어 6세대인 쏘나타(YF) 때는 어떤 고민이 있었고, 이를 해결하기 위해 집중한 부분은 무엇이었는지 궁금해요.

정화준 5세대 쏘나타(NF)가 판매되던 2008년만 해도 미국 시장에서 반응이 아주 좋은 건 아니었어요. 그래서 다음 세대 쏘나타(YF) 생산을 준비하면서 직원끼리 '쏘나타(NF)가 왜 더 많이 팔리지 않을까.' 얘기한 적이 있어요. 그러다 어느 날 미국 도로에서 쏘나타(NF)를 보게 됐는데, 너무 단아한 거예요. 미국 도로에는 픽업처럼 와일드하고 강한 이미지의 차들이 지나다니는데 쏘나타(NF)는 지나치게 차분했거든요. 한국 도로에서는 어색하지 않았지만 미국에서는 확실히 힘이 약하다는 생각이 들었어요. 그래서 혁신적인 디자인이 필요하다는 의견이 대두되기 시작했죠.

윤건식 저도 마찬가지였어요. 쏘나타(YF)를 준비하며 초반에 미국으로 소비자 조사차 출장을 갔을 때 쏘나타가 경쟁차에 비해 너무 정숙하다는 느낌을 받았거든요. 울컥하는 마음이 들면서 '쏘나타(YF)는 디자인이다.' 싶었어요. 그 결과 5세대 쏘나타(NF)와 비교해서 6세대 쏘나타(YF)는 전면 유리와 보닛이 만나는 지점을 앞으로 이동시키고, 벨트라인(측면 차체와 창문이 맞닿는 선)을 높여 도어 글라스 사이즈를 줄임으로써 진보적이고 스포티한 느낌을 더하고자 했어요. 특히 벨트라인의 적당한 위치를 찾기 위해 실험을 거듭했죠. 매번 시제품을 만들 순 없으니까 유리에 테이프를 붙여가며 "여기서 10mm만 더 올려보자. 20mm만 더 올려보자." 하면서 조정했어요.

세 편의 만화는 실제 사례를 바탕으로 각색 및 연출되었습니다.

스포티한 디자인을 위해 쏘나타(NF) 창문에 테이프를 붙여가며 도어 벨트라인을 수차례 조정한 끝에 완성된 쏘나타(YF)는, 혁신적인 디자인으로 미국 시장에서 큰 사랑을 받았다.

중동의 사막 환경을 재현하기 위해, 후드에 모래통까지 달아가며 주행 테스트를 거친 쏘나타(YF)는 사우디아라비아에서 '쏘우쏘우(Sou-Sou)'라는 애칭을 얻으며 큰 사랑을 받았다.

이러한 정성 덕분일까요, 쏘나타(YF)의 미국 반응이 좋았는데요. 내부에선 평가가 어땠나요?

정화준 출시 전부터 혁신적인 디자인으로 내부 임직원들의 큰 기대를 받았어요. 앨라배마 공장에서 처음 생산 라인을 밟고 나왔을 때 미국 현지 직원들이 디자인만 보고도 질 팔릴 거라고 손뼉 치며 좋아했다는 후일담도 들었죠. 추후 쏘나타(YF) 디자인은 다른 자동차 디자인에도 영향을 미쳤어요. 이후에 아반떼나 다른 차들도 패밀리룩으로 나오면서 전반적으로 현대차 디자인 평가가 좋아졌거든요. 그뿐만 아니라 쏘나타(YF) 출시 이후 일본 브랜드에서도 보다 스포티하고 날렵한 디자인의 차들을 내기 시작했어요.

윤건식 최종 디자인이 나왔을 때 상품 기획하던 친구가 "게임 끝났다." 그랬어요. 누가 봐도 멋진 디자인이었으니까요.

쏘나타는 계속 혁신을 이어왔는데, 7세대 쏘나타(LF) 때는 또 어떤 새로운 시도가 있었나요?

정화준 쏘나타(LF) 초반 기획 때 독일의 한 자동차 브랜드가 미국에 재진출한다는 소문이 퍼졌어요. 이에 대응하기 위해 캘리포니아 주행시험장에서 여러 브랜드의 중형차들을 시험해 보았죠. 그런데 확실히 유럽차는 주행 감성이 다르더라고요. 여러 브랜드 중형차를 시승해 본 이후 기존에 생각한 수준보다 훨씬 더 큰 폭으로 쏘나타(LF)

기획을 바꾸게 됐어요. 가장 많이 변화한 게 후륜 서스펜션이었어요. 주행 성능과 승차감을 시험하는 팀에서 우리 차도 후륜 서스펜션을 더 강건하게 바꿔야 한다고 했고, 저희도 이 점에 동의해서 발의하게 됐죠. 평가회 때 기존 차량과 신규 개발 차량을 비교하게 됐는데 예산이 더 들더라도 신규 플랫폼으로 가자는 쪽으로 이야기가 모였어요. 나중에 그랜저나 싼타페 같은 다른 차량에 적용될 테니 더 좋은 걸로 해보자며 과감한 결단을 내린 거죠.

윤건식 계속 새로운 시도를 해온 덕에 쏘나타 뉴 라이즈(LF F/L) 때도 획기적인 변화를 이어갈 수 있었어요. 쏘나타 뉴 라이즈(LF F/L) 때는 후면을 깔끔하게 디자인하게 됐는데, 그러다 보니 기존에 적용되던 트렁크 오픈 스위치를 장착할 수가 없었어요. 꼭 있어야 할 스위치를 넣을 수 없어서 고민이 많았는데 후면 엠블럼을 트렁크 버튼으로 만들어 보자는 아이디어가 나왔어요. 이 새로운 기능을 적용하기까지 동료들이 굉장히 많은 실험을 해야 했죠. 적당한 힘으로 열 수 있고, 손톱 등 날카로운 것에도 안전할 수 있도록 여러 시행착오를 거쳤어요. 쏘나타 뉴 라이즈(LF F/L)에서 처음 적용한 사양이었는데, 그 이후 다른 현대차에도 확대 적용되었어요. 디자이너에게는 디자인 자유도를 높였다는 데서 의미가 크죠. 요즘 신차에 여전히 이 기술이 반영돼 있는 걸 보면 쏘나타 개발하던 때 생각이 많이 나요.

동료와 고객도 쏘나타를 함께 만들어 온 주역일 텐데요. 함께한 시간 중 특히 기억에 남는 순간이 궁금해요.

윤건식 2000년대 후반에서 2010년대 초반에는 자동차 시장에서 연비 경쟁이 치열했어요. 연비 향상을 위해 중량 절감은 물론 연비 개선 기술 발굴을 위한 고민도 많았죠. 그때 6세대 쏘나타(YF), 7세대 쏘나타(LF)를 거치며 연비 측면으로만 5년 이상 매진한 직원이 있었어요. 연비를 높이기 위해서는 아주 사소한 부분까지 확인해야 하고, 기술적으로 적용할 수 있을지 실무자와 논의하고 적용해서 테스트하는 등 굉장히 긴 시간과 수고가 필요해요. 그 친구는 도전과 실패를 거듭하면서도 지치지 않던 직원이었어요. 쏘나타를 향한 뜨거운 열정을 몸소 보여주었죠.

정화준 저는 고객 반응이 특히 기억에 남는데요. 7세대 쏘나타(LF) 때는 론칭 행사나 미디어 대응이 잦았는데, 그때 성능이 좋아진 것 같다는 얘기를 많이 들었어요. 한번은 한 고객이 쏘나타(LF) 타이어가 하이퍼포먼스 18인치로 바뀌었냐고 물어보시는 거예요. 이런 것까지 알아주시는 고객이 있다는 것에 굉장히 뿌듯했어요.

2019년에는 8세대 쏘나타(DN8)가 출시되었어요. 꾸준히 성과를 이뤄온 만큼 새로운 시도를 하는 데도 만반의 준비가 필요했을 텐데요. 쏘나타(DN8) 개발에는 어떤 도전이 있었나요?

정화준 8세대 쏘나타(DN8)는 자동차 옆면을 따라 흐르는 디자인 선에 날카로운 엣지가 있는 점이 특징인데, 이러한 디자인적 시도는 '센슈어스 스포티니스'라는 새로운 디자인 철학 아래 처음 도입된 요소예요. 이때 많은 설계와 공법을 검토했는데, 그 덕분에 다른 차종에도 이러한 디자인 요소들이 쉽게 적용될 수 있었다고 생각해요. 또한, 8세대 쏘나타(DN8)는 이전 쏘나타(LF)의 2세대 플랫폼에서 한 층 더 발전시켜 설계를 대대적으로 바꾼 3세대 플랫폼을 최초로 탑재한 모델이라는 데서도 의미가 커요. 계속해서 새로운 디자인과 설계를 시도해 왔다는 뜻이기도 하니까요.

긴 시간 쏘나타 PM으로 활동해 온 만큼 오늘의 이 대화가 뜻깊게 느껴지실 것 같아요. 마지막으로 두 분에게 쏘나타는 어떤 의미인지 들어보고 싶어요.

정화준 플랫폼부터 엔진, 디자인까지, 쏘나타에는 최초로 적용된 것들이 참 많아요. 새로운 것을 개척한다는 게 쉬운 일이 아니었지만 앞서 나간 덕분에 이후 모델에서도 빠르게 안착할 수 있었어요. 20년 가까이 쏘나타를 개발해 와서인지 쏘나타와 함께 성장해 온 듯한 기분이에요. 그 여정을 곱씹으니 긴 시간 함께해 온 동료들, 아이디어를 나누며 많은 시도를 함께해 온 사람들 얼굴이 생생히 떠오르네요. 아, 그러고 보니 저희 아버지 차가 스텔라였는데요(웃음). 어떤 의미에선 쏘나타의 시작부터 인연을 맺어왔다는 생각도 들어요.

윤건식 줄곧 현대자동차에서 일해온 저한테 쏘나타는 제 인생의 동반자나 다름없어요. 세계 브랜드와 경쟁해서 쏘나타 같은 차를 만들고, 세계 각지의 고객에게 선보일 수 있었다는 데 자긍심이 커요. '우리는 어디에 가도 뒤지지 않아.'라는 자부심을 느끼게 해준 것이 바로 쏘나타와 이 차를 함께 만든 사람들이었으니까요. 모두가 함께 만든 업적을 남길 수 있다는 것이 무엇보다 뿌듯하네요.

혹한과 혹서를 넘나들며 시험차와 함께 극한의 환경을 누빈 연구원들은 극심한 기온 차로 청바지가 해지거나 구멍이 나 버려야 했지만, 그 헌신 덕분에 쏘나타(YF)는 미국을 포함한 글로벌 시장에서 사랑받았다.

쏘나타(Y2)를 개발한 임직원들

Revisiting the shapes of the SONATA

지금의 쏘나타가 되기까지

1세대 소나타(Y1)

4세대 쏘나타(EF)

5세대 쏘나타(NF)

6세대 쏘나타(YF)

8세대 쏘나타 디 엣지(DN8 F/L)

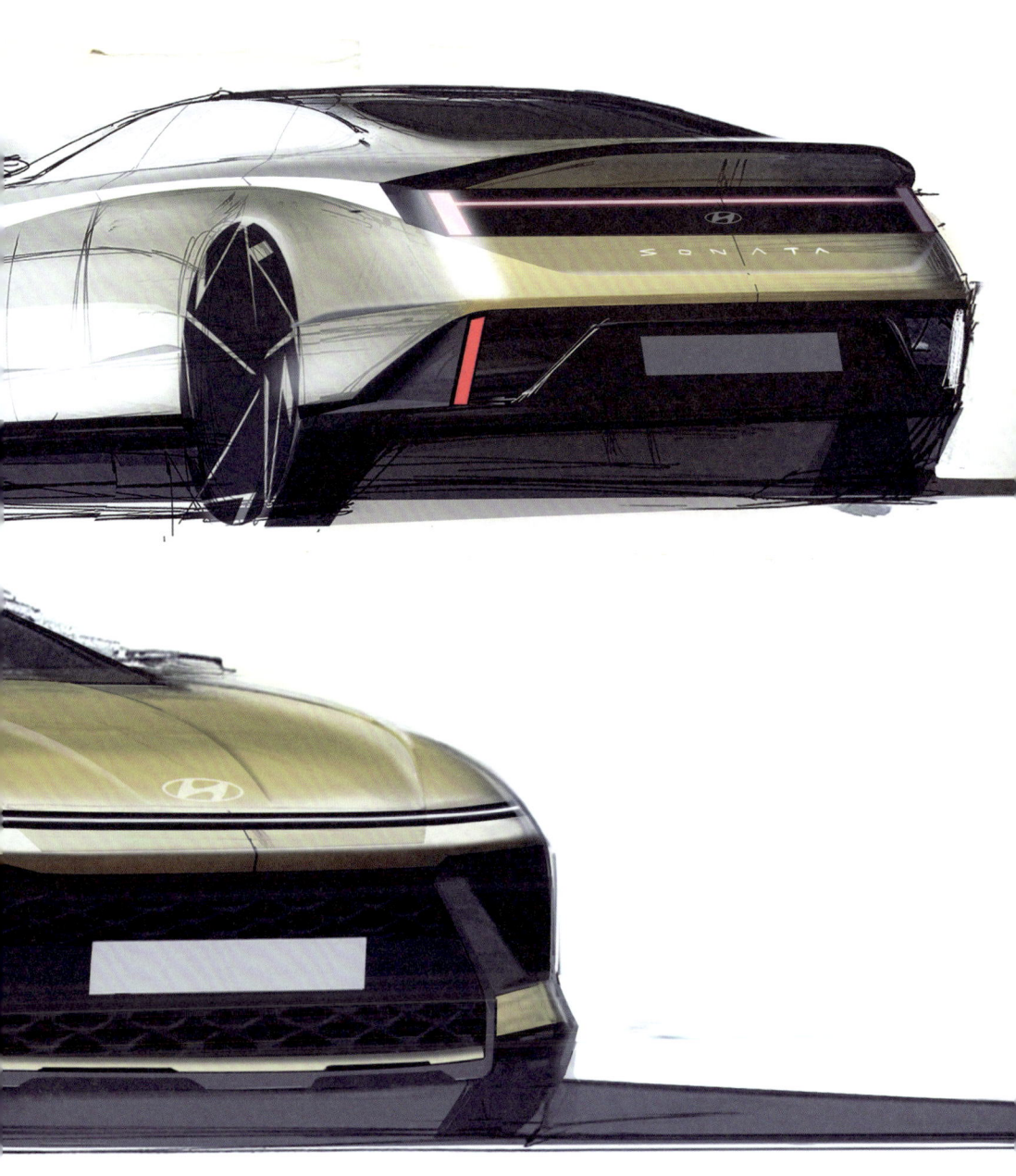

HYUNDAI DESIGN CENTER
K - YONG .LEE

What's in my glovebox?

글로브박스를 열어 보니

차 안의 작은 서랍 글로브박스. 초창기 자동차에 아직 지붕이 없던 시절, 겨울철 시린 손을 위해 운전용 장갑은 선택이 아닌 필수였다. 장갑을 쉽게 보관하고 꺼낼 수 있도록 조수석 앞에 만들어진 작은 함은 그렇게 글로브박스Glovebox라고 불리게 되었다. 시간 이 지나 지붕과 창을 갖춘 이후에도 여전히 그 자리에 같은 이름으로 붙어 있다. 그리 자 주 열지는 않지만, 글로브박스 속에는 우리가 이동하며 틈틈이 담아둔 추억과 일상 한 조각이 들어 있다. 열두 명의 차주가 소개하는 차와의 추억이 얽힌 물건을 살펴보자.

글 최하은 사진 스튜디오 소설

초보운전

이수록 | 소나타(Y1) | 차 키

아버지가 1985년에 구입한 소나타. 가난했던 젊은 날, 당신의 돈으로 처음 손에 넣은 '내 것!' 내성적이었던 아버지는 중요한 자리에 갈 때면 항상 나를 소나타에 태우고 갔다. 시간이 흘러 차를 사야 할 나이가 되었을 때, 내 손엔 그 소나타의 차 키가 쥐어져 있었다.

이진아 | 쏘나타(NF) | 초보운전 딱지

신입 사원 시절 처음 산 쏘나타(NF). 뒷유리에 굵은 매직으로 '초보운전'이라고 적어서 붙였던 기억이 난다. 첫 내차를 사고 운전도 서툴러서 혹여 기스라도 날까 노심초사하며 애지중지 했었다. 도로 위 '초보운전'을 붙인 차를 보면 그때의 내가 가끔 떠오른다.

이성호 | 소나타(Y1) | 구겨진 종이지도

30년 전 무더운 여름, 소나타를 타고 떠나던 휴가길에 쓰던 종이지도. 아버지는 구겨진 지도 위에 형광펜으로 가야 할 길을 표시하고, 어머니는 과일이 눌리지 않게 조심스럽게 보랭 가방을 채웠다. 오래된 종이지도 속엔 여전히 우리 가족의 여름이 고스란히 접혀 있다.

김재진 | 쏘나타 II(Y3) | 카세트테이프

어릴 적 아빠의 쏘나타 II(Y3)에선 오아시스의 노래가 흘러나왔다. 그 음악을 듣고 자란 나는 서른이 되어 아버지와 같은 쏘나타 II(Y3)를 구입했고, 다시 또 그 시절의 카세트테이프로 오아시스의 노래를 들으며 운전한다. 올드카와 음악은 추억과 세대를 이어준다.

밤박하 | 아반떼 | 휴대용 모빌

중고로 산 5,000원짜리 모빌. 언제부턴가 이 모빌만 틀면 아기가 잠이 들었다. 부푼 마음으로 같은 제품을 하나 더 사서 떠날 일이 있을 때마다 차에도 걸고 비행기에도 걸었다. 그렇게 오만 곳을 다니다가 지난 여행에서 잃어버렸다. 아이는 이제 음악 없이도 잘 잔다.

권여현 | 투싼 | 아이들의 손편지

우리 가족 첫 차, 투싼이 글로브박스엔 아이들이 써준 손편지와 그림이 있었다. 안전을 기도하는 이 작은 손길들이 내겐 수호신 같은 존재였고, 시간이 흘러도 변하지 않는 진심이 우리 가족의 헤리티지가 되었다. 11년이라는 긴 세월동안 함께 달려준 투싼이를 추억하며.

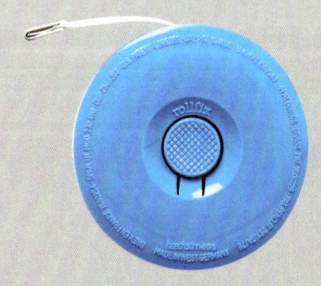

김재용 | 코나 | 줄자

도심 속 촘촘하게 펼쳐진 편의점을 살피는 일로 사회생활을 시작했다. 점포에 도착하면 줄자를 꺼내 이곳저곳 치수를 재고, 목장갑을 끼고 무거운 집기를 나른다. 짐을 싣고 다닐 일이 많아지며 구입한 코나의 글로브박스에는 항상 파란색 줄자가 들어 있다.

윤유나 | 쏘나타(YF) | 열대 과일 키링

암 진단을 받은 큰 아빠가 더 이상 운전을 할 수 없게 되어 쏘나타(YF)를 물려받았다. 그때 받은 차 키에 함께 달려 있던 열대 과일 모양 키링이다. 바꾸거나 떼지 않고 그대로 달아두었다. 차에 올라타 시동을 걸 때마다 돌아가셔서 이제는 만날 수 없는 큰 아빠를 떠올린다.

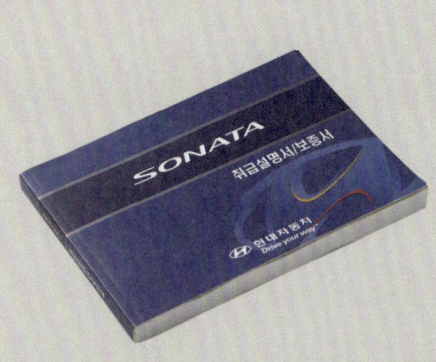

김경태 · 김민철 | 쏘나타(NF) | 차량 취급설명서

차량을 선택할 때 카탈로그와 가격표를 살펴보면서 돈을
더 보태 좋은 옵션으로 구매할까 고민했었다. 그러다 깡통
트림으로 출고 후 튜닝도 하고 취급설명서를 보며 꾸준히
관리하다 보니 어느덧 44.5만km를 넘겼다. 세대를 건너
오너는 바뀌었지만, 20년 가까이 함께하고 있다.

김호영 | 투싼 | 무사고 안전 부적

낡은 차를 팔고 구매한 새 차와 잘 지내보려고 막걸리도 뿌
리고 절에서 '무사고 안전 부적'도 구매했다. 그런데 이게
웬걸, 부적을 사서 걸어둔 지 두 시간 만에 고속도로에서
추돌 사고를 당했다. 다친 곳 하나 없이 멀쩡할 수 있었던
건 다 이 부적 덕분일 것이다.

김이경 | 투싼 | 막내딸의 CD

2010년식 투싼에는 블루투스 기능이 아닌 CD 플레이어
가 있다. 덕분에 우리 가족은 서로 다른 취향의 음반을 사
이좋게 돌아가며 트는데, 한 앨범의 전곡을 듣게 된다는 점
이 마음에 든다. 막내딸의 '놀이로 가나다' CD에는 어린이
를 위한 한글 노래가 담겨 있다.

김영달 | 에쿠스 | 선글라스

가족들과 고향 가는 길, 눈이 부셔 선글라스를 쓰고 고속
도로를 달렸다. 계곡에서 옥수수를 삶아 먹던 기억, 흙 묻
은 신발로 차에 타던 아이들 모습이 떠오른다. 고향에선
"성공했네, 사장님 다 됐네."라며 웃었지만, 나에게 진짜
성공은 가족과 그 길을 함께 달리는 순간이지 않았을까.

Playing the era,
on the road

무대는 도로, 배역은 시대

글 지정현

쏘나타는 무대 위에서 시대를 연기해 왔다. 어떤 시대에는 가장 평범한 가정의 일원이었고, 어떤 장면에서는 도시적 감각을 지닌 청춘과 사랑으로 등장했다. 여덟 세대에 걸쳐 쏘나타는 시대가 쓴 대본을 충실히 따라가며, 다양한 장면 속에 스며들었다. 시대를 연기한 배우, 쏘나타의 필모그래피를 살펴보자.

<헤어질 결심> ⓒCJ ENM

1990년대, 더 나은 삶을 향한 시동

성장에 박차를 가하던 시절을 지나 맞이한 1990년대. 대한민국은 20세기의 끝자락에서 크고 작은 변화를 겪고 있었다. 1996년에는 2002년 FIFA 월드컵 유치가 확정되었고, 1998년부터는 서울 월드컵 경기장 공사가 본격화됐다. IMF 외환위기는 21세기를 향한 기대에 제동을 걸었지만, 누군가의 마음속엔 여전히 '더 나은 내일'이 있었다. 희망을 잃지 않았던 그 시절, 쏘나타는 그 꿈을 싣고 도로 위를 달리고 있었다.

<서울의 달> ⓒ유튜브 채널 옛드 : MBC 옛날 드라마

1994년 방영된 드라마 <서울의 달>의 춘섭(최민식 역)은 고향을 떠나 풍족한 도시의 삶을 꿈꾸며 서울로 상경한다. 하지만, 순박한 시골 청년 춘섭에게 도시의 질서는 냉혹했다. 도시인들의 인간관계는 복잡한 수학 문제 같았고, 인심 없는 물가는 얇은 지갑에 무리가 됐다. 반면, 먼저 서울에 올라온 동향 친구 홍식(한석규 역)은 부유한 여성에게 기대어 '제비족'으로 살아간다. 사랑도, 성공도 원했던 춘섭은 그에게 제비족으로 살아가는 방법을 묻는다. 타깃이 된 여성의 차량과 접촉 사고를 내 안면 트는 방법을 알려준 홍식. 둘은 뉴 쏘나타(Y2 F/L)를 몰고 지하 주차장으로 가지만, 정직한 춘섭에게 제비족의 생리는 부끄러운 일이었다. 춘섭은 운전대를 놓고 고개를 푹 숙이고, 홍식은 답답하다는듯 그를 다그친다. 뉴 쏘나타(Y2 F/L)는 서울에서의 성공을 쫓는 두 남자의 야심이자, 이들의 가치관을 강조하는 조연이었다.

1990년대는 희망과 실패가 뒤섞인 아련한 시절로 기억된다. 쏘나타가 중산층의 상징으로 여겨졌던 때, 대학 입시는 서민의 삶을 바꾸는 중대한 시험이자 중산층으로 발돋움하기 위해 넘어야 하는 관문처럼 여겨졌다. 잘 살고 싶다는 간절함 때문이었을까. 수험생들 사이에서 '쏘나타 엠블럼의 S를 지니면 서울대에 갈 수 있다'는 괴담이 돌기도 했다. 드라마 <응답하라 1997>에서는 대입 수능을 앞둔 시원(정은지 역)과 윤제(서인국 역)가 응원의 의미로 선물을 주고받는다. 선물을 준비하지 못한 시원은 근처에 주차되어 있던 쏘나타 II(Y3)의 엠블럼에서 'S'를 떼어 윤제에게 준다. "서울대의 S니까, 서울대 가!"

드라마 <폭싹 속았수다>에서는 쏘나타뿐 아니라 포니와 스텔라의 S를 떼어내는 장면이 등장한다. 금명(아이유 역)의 동생 은명(양유석 역)은 선생님들의 차량에서 엠블럼을 떼는데, 포니는 연세대의 'Y'가 없어져 폰(PON), 스텔라는 'S'가 빠져 텔라(TELLAR)가 된다. 동생의 소망대로 금명은 서울대 영문학과에 합격한다.

2000년대, 숨 쉴 틈 없는 추격자

자동차가 일상이 된 21세기 초. 도로 위, 빼곡히 들어찬 차량들 사이로 쏘나타(Y2)가 모습을 드러낸다. 한층 날렵해진 얼굴. 화려하진 않지만 묘하게 시선을 끈다. 도시의 리듬에 자연스레 녹아든 21세기의 쏘나타(Y2)는 서민적이고 중후한 배역을 벗어나, 복잡한 도심을 질주하는 액션 배우로 데뷔한다.

<쉬리> ©CJ ENM

한국 영화의 황금기로 일컬어지던 2000년대, 쏘나타도 비장한 조연으로 맹활약한다. 국내 액션 블록버스터의 기념비적 작품인 영화 <쉬리>. <서울의 달> 속 춘섭과 홍식을 연기했던 최민식, 한석규가 총격전을 벌인다. 빗발치는 총알을 피하기 위해 엄폐한 자동차. 어지럽게 흔들리는 장면 사이로, 'SONATA' 엠블럼이 선명하게 잡힌다. 또 다른 한국 영화 <범죄의 재구성>에서는 범죄 차량을 추적하는 경찰차로 등장한다. 영화 오프닝 장면, 한국은행에서 범죄를 저지른 창혁(박신양 역)은 검은색 세단을 타고 도주한다. 그의 백미러에, 파란색 띠가 둘린 쏘나타 II(Y3)가 포착된다. 창혁은 아슬아슬하게 3차선 도로를 가로지르며 도주하지만, EF쏘나타는 집요하게 추격한다. 결국 공사 중인 터널 벽에 부딪혀 실신한 창혁의 차량은 언덕 아래로 굴러떨어지고 폭발하며, 영화의 타이틀이 등장한다.

<범죄의 재구성> ©쇼박스

**급하게 마리를 차에 태우고, 클러치를 푸는 본. 어떻게 확신하냐는
마리의 질문에 운전대를 단단히 쥔 채 말한다.
"같은 놈을 두 번이나 봤어. 전신국에서도 봤고. 뭔가 이상해.
인상이랑 타고 온 차도 모두 이상해."**

- 영화 <본 슈프리머시> 중에서

쏘나타는 미국에도 수출되며, 북미 시장에서도 차근차근 인지도를 쌓아갔다. 대중적인 차량으로 자리매김하던 그 무렵, 조금씩 높아진 위상을 발판 삼아, 쏘나타는 마침내 할리우드에 데뷔한다. 첩보 액션의 새로운 패러다임을 제시한 본 시리즈의 두 번째 영화 <본 슈프리머시>. 영화 초반부, 인도의 한 휴양지에서 지내던 본(맷 데이먼 역)은 느긋한 휴양지 분위기와 어울리지 않는 세련된 은색 뉴 EF쏘나타를 보고 자신을 노리는 암살자가 왔음을 확신한다. 연인인 마리와 지프 차에 올라타 도주하는 본. 암살자는 은색 뉴 EF쏘나타에 몸을 싣고, 본을 추격한다. 3분여 시간 동안 이어지는 추격전에서 뉴 EF쏘나타는 복잡한 도로를 쏘다니며 본의 차를 뒤쫓는다.

<본 슈프리머시> ©유니버셜픽처스

이후로도 쏘나타는 다양한 해외 영화 속에서 개성 있는 조연으로 활약했다. 스티븐 스필버그 감독의 SF 영화 <우주전쟁>에서는 외계인의 습격 장면에 뉴 EF쏘나타가 등장한다. 단 3초 남짓의 짧은 순간이지만, 화면을 가득 채우며 강렬한 인상을 남긴다. 배우 샤이아 라보프 주연의 스릴러 영화 <디스터비아>에서는 이웃이 몰던 차량으로 쏘나타(NF)가 스쳐 지나가고, 홍콩 느와르 영화 <무간도>에서는 조직 내 첩자를 색출하는 장면에 쏘나타 II(Y3)가 모습을 드러낸다. 비슷한 플롯을 가진 국내 영화 <신세계> 역시 조직 간의 암투를 다루는 장면에서 쏘나타 II(Y3)가 나타난다. 이처럼 쏘나타는 묵직한 분위기가 필요한 느와르 장르에서 능숙한 연기를 선보인 조연이었다.

"이해할 수 없는 행동을 했고, 여전히 이해가 되지 않는 상태에서 어떻게 마음이 풀려. 다 그래. 밉지. 미울 수밖에 없어. 그럴 땐 용기를 내봐요. 미워하지 않을 용기. 그게 다른 게 아니고, 용기가 필요한 거더라고. 해봐요. 미워하는 마음보단 사랑하는 마음이 더 귀한 거잖아."

- 한주, 드라마 <멜로가 체질> 중에서

<멜로가 체질> ©유튜브 채널 JTBC Drama

2010년대, 사랑도 이별도 그 안에서

2010년대 들어 쏘나타는 세련된 도시 생활자로 연기 변신을 한다. 지금이 아닌 미래와 시대의 염원을 연기하던 중형 세단은 이제 일과 사랑 사이에서 갈등하고, 위로하며, 번민하는 감정의 매개가 된다.

도시 남녀의 사랑을 그린 드라마 <멜로가 체질>에서 쏘나타는 애증으로 얽힌 두 남녀의 관계를 보듬는다. 재훈(공명 역)과 하윤(미람 역)은 동거 중인 커플이다. 서로를 존중하지 않는 하윤에게 지친 재훈, 그런 재훈의 달라진 태도에 애정을 갈구하는 하윤. 둘은 얽힌 감정을 한 쪽으로 치운 채 불완전한 동거를 이어 간다. 고된 업무와 연인의 의심 속에 지친 재훈의 퇴근길, 직장 상사 한주(한지은 역)가 머스타드색 쏘나타(LF)를 멈춰 세운다. 차에 오른 재훈에게 한주는 말한다. 사랑하는 마음이 더 귀한 것이니, 미워하지 않을 용기를 내보라고. 집으로 돌아온 재훈은 자신을 기다리고 있던 하윤을 끌어안는다. 재훈의 포옹을 기다렸던 하윤은 헤어질 결심을 하고, 재훈에게 이별을 고한다.

박찬욱 감독의 영화 <헤어질 결심>에서 쏘나타는 해준(박해일 역)과 서래(탕웨이 역)의 감정 변화를 담아내는 프레임이 된다. 해준은 반듯하고, 감각이 예민한 형사. 서래는 중국 출신 간병인으로, 남편은 실족사로 사망했다. 해준은 서래를 남편을 살해한 피의자로 의심하면서도, 그 의심 너머로 호감에 가까운 감정을 느낀다. 형사와 피의자. 출신도, 처한 위치도 전혀 다르지만 두 사람은 같은 차를 몬다. 미드나잇 블랙 색상의 쏘나타(DN8). 결핍과 공허함에 잠긴 두 사람은 동일한 차종을 운전하는 것처럼, 어쩌면 유일하게 서로를 이해할 수 있는 사람인지도 모른다. 차 안에서 서래를 지켜보던 해준은 그녀를 태운다. 물리적인 거리감은 좁혀지고, 감정의 결도 함께 진해진다. 서로를 인정하고, 결핍을 채워줄 수도 있었겠지만 현실은 그들을 이어 주지 않는다. 쏘나타는 미결된 채로 이어지는 이 관계 속에서, 그 감정을 조율하는 농밀한 지휘자 역할을 맡는다.

2020년대, 세련된 스턴트맨

현대자동차 고성능 스포츠 라인 'N'. 쏘나타(DN8)의 N 라인은 미래적인 얼굴로 변신해 또 한 번 새로운 모습으로 나타났다. 도로를 박차고 내달릴 듯한 전면부는, 어떤 위기도 이겨내는 강인한 첩보 요원의 모습이 떠오른다.

드라마 <검은 태양> 속 지혁(남궁민 역)은 쏘나타(DN8) N 라인을 몰고 현장을 누빈다. 비밀 임무를 수행하는 국정원 요원 지혁에게 맞춤 수트를 입은 듯한 쏘나타의 실루엣은 극에 절묘하게 녹아든다. 특히 지혁이 한밤중 도심을 질주하며 적들과 부딪히는 장면에서, 쏘나타는 민첩하게 움직이며 긴박함을 끌어올린다. 지혁의 핸들링에 기민하게 반응하는 쏘나타 N 라인. 그의 프로페셔널한 움직임과 차량의 퍼포먼스가 함께 빛나는 장면이다.

미국의 액션 피규어 브랜드 '지.아이.조'의 실사 영화 <스네이크 아이즈: 지.아이.조>에서도 쏘나타(DN8) N 라인은 인상적인 조연으로 등장한다. 고속도로를 질주하는 차량들 사이, 스네이크 아이즈가 탄 쏘나타가 타이어 마찰음을 내며 스핀한 뒤, 아스팔트 위에서 방향을 틀며 차체를 비스듬히 기운 채 질주한다.

창문 밖으로 몸을 내민 그는 적을 향해 총을 쏘고, 쏘나타는 이 모든 장면을 스타일리시하게 뒷받침한다. 이 작품 속 쏘나타(DN8) N 라인은 기존 모델과 달리 주인공 스네이크 아이즈를 모티브로 디자인된 '더 블랙' 모델이다. 블랙 컬러로 일체감을 살리고, 무광 처리를 더해 '닌자 군인'인 스네이크 아이즈의 하이브리드한 외형을 그대로 담아냈다.

<검은 태양> ⓒ유튜브 채널 MBC 드라마

배우의 필모그래피를 보면, 그가 어떤 궤적을 따라 살아왔는지 짐작할 수 있다고들 한다. 하지만 배우 쏘나타의 연기 경력은 하나의 키워드로는 설명되지 않는다. 사람을 싣고 시절을 달리는 자동차이기에 자신의 삶이 아닌, 시대를 살아왔다. 시간은 삶의 모양을 주무르고, 형태를 바꾼다. 쏘나타는 변해온 시대에 맞춰 자신을 달리하며, 매 순간 신인 배우처럼 말간 얼굴로 렌즈를 마주했다. 콘텐츠 속 쏘나타는 시대의 감정과 사람들의 삶, 그리고 사회의 변화를 품은 조용한 배우였다. 그리고 오늘도, 큐 사인이 떨어지면 제자리로 돌아가 다음 신을 준비하고 있다.

How we enjoy the SONATA

우리가 쏘나타를 즐기는 법　　글 전혜연　사진 스튜디오 소설

각기 다른 삶의 궤적을 그려온 이들이 쏘나타를 좋아한다는 공통분모로 모여 연대를 이룬다. 단순 정보 공유를 넘어, 다채로운 경험을 나누며 서로의 일상에 스며든다. 이 모임은 이제 평범한 취미 활동을 넘어섰다. 서로에게 든든한 동료이자, 때로는 인생의 깊은 이야기를 나누는 동반자가 되어준다. 단순히 목적지로 향하는 이동 수단이 아닌, 사람과 사람 사이를 잇는 따뜻한 다리가 되어준 쏘나타. 이 특별한 연결이 만들어낸 관계 속에서 빛나는 세 명의 쏘나타 차주를 만났다.

쏘나타라는 이유로

송민수 — 쏘나타(NF)
이재걸 — 쏘나타(LF)
정지윤 — 쏘나타(DN8)

안녕하세요. 만나서 반갑습니다. 소개와 함께 현재 어떤 쏘나타를 타고 계신지 이야기해 주세요.

지윤 안녕하세요. 저는 1987년생, 딸 셋 다둥이 아빠 정지윤입니다. 쏘나타(DN8)를 몰고 있어요.

재걸 저도 1987년생 이재걸입니다. 2016년식 쏘나타(LF) 터보를 타고 있어요. 색상과 머플러를 보고 다들 한 번씩 물어보시는데 '피닉스 오렌지'라는 터보 전용 순정 컬러와 순정 머플러예요.

민수 전 1988년생 송민수고, 2005년식 쏘나타(NF) 차주입니다.

쏘나타와의 인연이 궁금한데요, 다양한 차들 중 특별히 쏘나타에 매력을 느끼신 이유가 무엇이었나요?

지윤 아이 셋을 키우다 보니 사실 큰 차만 찾고 있었는데, 당시 제네시스에 관심이 있던 아버지와 함께 현대자동차 매장에 갔다가 우연히 전시된 쏘나타(LF)를 보게 되었어요. 무심코 차 뒷좌석 문을 열었는데 생각보다 너무 넓은 거예요. 애들을 다 데리고 와서 태워봤는데 넉넉히 자리가 남더라고요(웃음). 카시트를 놓고 앉아도 공간이 충분할 것 같아서 그날 바로 계약했어요. 마침 여름휴가를 앞두고 있었는데, 그 전에 출고가 되어 아이들과 쏘나타(LF)를 몰고 휴가를 떠났던 기억이 나네요. 그렇게 2019년도까지 5년 동안 쏘나타(LF)를 타면서 잔고장이 한 번도 없었어요. 엔진오일 교체 외에는 서비스센터를 찾은 적도 없었으니까요. 이렇게 쏘나타와의 첫인상이 너무 좋아서 이후에도 자연스럽게 8세대 쏘나타(DN8)를 선택했고, 성능도 훌륭해서 크게

만족하고 있어요. 첫 차는 따로 튜닝을 안 했지만, 쏘나타(DN8)는 제 취향껏 꾸미면서 지금까지 잘 타고 있습니다.

민수 저는 원래 제네시스 쿠페를 타고 있었는데, 아이가 태어나면서 더 넓은 차가 필요해졌어요. 그런 와중에 아내의 이모부께서 차량을 바꾸신다고 해서, 사용하시던 쏘나타(NF)를 저희가 물려받게 되었죠. 저희 아버지도 예전에 쏘나타 III(Y3 F/L) 골드를 타셨던 터라, 쏘나타는 어릴 때부터 친숙하고 편안하게 느껴지는 차였어요. 그렇게 인연이 닿아 2018년부터 지금까지 쏘나타(NF)를 타고 있습니다.

재걸 님은 '브릴리언트 메모리즈' 캠페인을 통해 현대자동차나 쏘나타와 한 차례 깊은 인연이 있으시죠.

재걸 네 맞아요. 어머님이 오래 타시던 쏘나타 III(Y3 F/L)를 폐차하려니 괜히 마음이 아프고 아쉽더라고요. 그러던 중 현대자동차의 '브릴리언트 메모리즈' 캠페인*을 알게 되었고, 어머니와 쏘나타에 얽힌 사연을 보내게 되었죠. 운 좋게도 선정이 되어 영상도 찍고 전시도 참여할 수 있었어요. 전시장에서 영상을 보고 뭉클하신 분들이 많았다고 들었는데, 마지막에 어머니 사진이 나올 때는 저도 울컥했던 기억이 납니다. 시간이 지나 제 차를 고를 때, 당시엔 스포츠 세단이나 쿠페 스타일에 관심이 많았어요. 그러던 차에 쏘나타(LF) 터보 모델이 나온다는 소식을 들었죠. 실물을 보니 듀얼 트윈 머플러 디자인이 굉장히 독특하면서도 매력적으로 느껴졌어요. 특히 피닉스 오렌지 컬러는 보는 순간 마음을 사로잡았고요.

*브릴리언트 메모리즈 캠페인: 폐차하거나 중고차로 떠날 예정인 현대자동차 보유 고객 대상으로 사연을 응모 받아 그들이 타던 차량과 부품을 예술 작품으로 만들어 전시한 문화 예술 프로젝트

이재걸 님 어머니의 쏘나타 III(Y3 F/L)

크루라는 이유로

세 분 모두 쏘나타 동호회 활동을 하고 계시죠. 각자 동호회 소개와 어떤 활동을 하시는지 듣고 싶어요.

지윤 제가 활동 중인 쏘나타 오너스 클럽soc은 약 50만 명의 회원이 함께하는 쏘나타 차주들의 동호회예요. 저는 본업을 하면서 동시에 SOC 스태프로 활동하고 있는데, 부매니저 역할을 맡아 카페 관리와 오프라인 모임 운영 등을 함께 돕고 있어요. 주 연령층은 30-40대가 많지만, 의외로 20대 젊은 친구들도 꽤 활동적이에요. 아마 대부분의 자동차 동호회가 그렇듯, 처음에는 취미를 찾거나 정보를 얻기 위해 가입하지만, 점점 사람들이 좋아져서 오프라인 모임까지 자연스럽게 이어지더라고요. 저도 처음엔 큰아이를 데리고 모임에 나갔는데, 회원분들이 정말 따뜻하게 잘 챙겨주셔서 인상 깊었어요. 분위기가 너무 좋아서 서울·경기권 모임은 거의 매주 빠지지 않고 참석했던 것 같아요(웃음). 이런 이유로 동호회에 참석하기 시작하여 만나게 된 '사람들'이 결국 8세대 쏘나타(DN8)까지 이어진 계기이고 10년째 계속되고 있어요. 동호회에서는 정기 모임이나 비정규 번개를 통해 서울, 인천, 수원, 안양 등 다양한 지역에서 돌아가면서 모이고 있습니다. 함께 차도 마시고 식사도 하며, 용품도 빌려주고 차량 정보도 교환하죠. 제 차는 보시다시피 래핑이 되어 있어서 튜닝에 관심 있는 분들과 팁도 나누고, 함께 세차하며 즐겁게 지내고 있어요.

재결 제가 활동하는 커뮤니티는 현대자동차 공식 동호회, 현대모터클럽HMC입니다. 동호회가 생긴 지 1년 정도 되었을 때 가입했는데, 지금은 VIP 회원으로 약 10년째 활동 중이에요. HMC에서는 신차 발표회 참여, 의미 있는 캠페인, 봉사 활동 등 다양한 기회가 주어져요. 처음에는 동호회에서 모집한 '길 터주기 캠페인'*에 참여하며 활동을 시작했습니다. 그리고 모터스포츠를 좋아하다 보니 '현대 N 페스티벌' 원메이크 레이싱 대회의 현대모터클럽 레이싱팀 서포터 활동에도 참여해 선수들을 가까이서 응원하고 보조하는 역할도 했어요. 또 매년 열리는 '이어 엔드 파티'는 정말 성대하게 진행돼요. 시상식과 함께 플리마켓, 경매 행사도 열리는데, 이때 모인 수익금은 어려운 이웃을 돕는 데 사용됩니다. 겨울에는 '산타 이벤트'를 통해 취약

계층 가정에 선물과 생필품을 전달하고, 함께 연탄 봉사도 하며 따뜻한 마음을 나누고 있어요. 저 역시 처음에는 정보 교류를 위해 가입했지만, 이제는 좋은 사람들과의 인연 덕분에 꾸준히 활동하고 있습니다. 요즘엔 사촌들보다 더 자주 만나는 것 같아요. 전화 한 통이면 언제든지 바로 달려 나갈 정도로, 정말 가까운 사이가 됐죠.

결국 사람이네요. 생각보다 가치 있는 활동이 참 많아요.

민수 맞아요. HMC의 또다른 매력 중 하나는 신차 시승 기회가 활발하다는 점이에요. 어느 날 신차를 인수하러 갔을 때, 부산 지역장께서 직접 방문해 세심하게 챙겨주시고 따뜻하게 인사를 건넸던 기억이 인상 깊게 남아 있어요. 단순한 클럽 활동을 넘어, 사람 간의 온기가 느껴지는 순간이었죠. 이처럼 자연스럽게 이어진 사람과의 관계 때문에 지금까지 이 활동을 지속해 온 것 같아요. 이제 동호회는 출근과 동시에 로그인해 새로운 이야기를 살펴보는 일상이 되었어요.

어느덧 생활의 루틴이 되었네요(웃음). 이제 쏘나타를 바라보는 동호회 회원들의 시선 이야기를 좀 해볼까요. '지금의 쏘나타'를 어떤 차로 인식하고 있나요?

지윤 쏘나타 디 엣지(DN8 F/L)로 바뀌면서 동호회 가입 연령층이 확 내려갔어요. 20대 가입자가 많이 늘어났고, 오프라인 모임만 해도 피부로 느껴져요. 젊은 친구들이 모임에 많이 나오거든요. 8세대 쏘나타(DN8) 때만 해도 그다지 못 느꼈거든요. 쏘나타 디 엣지(DN8 F/L)를 구매한 이유를 물으면 "디자인이 예쁘고 쏘나타가 많이 젊어졌다."라는 의견이 많아요. 옛날에는 국민차, 아빠 차 이랬는데, 지금은 이제 뭐 약간 좀 좋게 말하면 아들 차?(웃음).

재결 실제로 저도 N 라인이 출시된 후 쏘나타 디 엣지(DN8 F/L) N 라인을 인제 서킷에서 타보고 깜짝 놀랐어요. 무려 런치 컨트롤을 포함한 퍼포먼스 기능이 많이 적용됐더라고요. 그래서 가족 차이면서도 일탈 용도로도 쓸 수 있겠다고 생각했죠. 쏘나타가 정말 많이 젊어지고 성장했다는 인식의 변화를 느끼는 순간이었어요.

---

*길 터주기 캠페인: 소방차 긴급 출동 시 도로 위 차들이 자발적으로 양보해 통행로를 확보하도록 독려하는 사회 공헌 활동

인제 스피디움 체험 주행 모임에 참여한 쏘나타 15대

우리라는 이유로

좋아하는 차를 혼자 타는 것과 동호회 활동을 통해 함께 누리는 것의 차이는 뭐라고 생각하세요?

지윤 저는 뭐랄까요… '뿌듯함'이라고 표현하는 게 맞는 것 같아요. 스태프로 활동하다 보니 회원분들께 정보나 도움을 드릴 수 있을 때 참 보람을 느낍니다. 누군가가 모르는 부분을 물어보면 알려드리고, 또 회원끼리 서로 정보를 나누는 선순환의 흐름을 볼 때마다 감동적이에요. 최근에 저희 스태프 한 분이 결혼했을 때, 일반 회원 열 분이 직접 오셔서 축하해 주는 모습을 보고 정말 놀랐어요. '처음엔 차로 시작했지만, 결국은 사람이 남는구나.'라는 생각을 하게 됩니다.

민수 동호회 회원분들을 일상에서 우연히 마주치는 일이 종종 있어요. 예를 들어, 동호회 협력 업체를 방문해 사장님과 이야기를 나누다가 저랑 같은 학교 출신이라는 사실을 알게 되어 반가운 적도 있었고, 예전에 차량 대여 정보를 주셨던 회원분을 밖에서 우연히 만나 반갑게 인사를 나눈 기억도 있습니다. 이런 경험들이 쌓이다 보니, 시간이 허락할 때마다 자연스럽게 동호회 활동에 참여하고 싶다는 마음이 생겨요. 소속감과 동질감도 더 느끼게 되고요.

덕분에 일상이 더욱 풍성해질 것 같아요. 세 분은 쏘나타를 생각할 때 어떤 사람이 떠오르시나요?

재걸 저에게 쏘나타는 단연 어머니예요. 예전에 어머니께서 쏘나타 Ⅲ(Y3 F/L)을 타시던 모습이 아직도 생생해요. 그걸 보며 언젠가는 저도 쏘나타를 타고 싶다고 생각했죠. 그러다 자연스럽게 새로운 모델의 쏘나타를 타고 있더라고요. 그걸 깨닫는 순간 괜히 뭉클했어요.

지윤 동호회 사람들이요. 일찍 결혼해서 오랫동안 취미생활을 제대로 즐기지 못했는데, 쏘나타 동호회를 통해 새로운 사람들을 만나면

서 제 삶에도 큰 변화가 생겼어요. 이전에는 연락하고 지내던 친구들도 있었지만, 이제는 동호회에서 만난 형, 동생, 친구들과 더 자주 연락하고 만나요. 그만큼 더 가까운 사이가 된 거죠. 결혼하고 아이도 낳으며 가족이 생긴 건 물론 큰일이지만, 그와는 또 다른 의미에서 정말 소중한 인연들을 새롭게 맺은 거예요. 지금은 이분들이 제게 친척 같고, 가족 같아요. 이 관계들이야말로 쏘나타 동호회 활동을 통해 얻은 가장 기억에 남는 부분이죠.

민수 현재의 우리 가족이 생각나요. 아버지, 큰아버지, 저 역시 쏘나타를 타고 있네요. 제 아이들은 태어나면서부터 쏘나타를 탔기 때문에 평생을 함께한 차거든요. 그러니까 이 애들한테는 초록색 번호판에 대한 추억이 있고, 훗날 이 차를 보낼 때는 분명히 울컥할 것 같아요. 앞으로 아이들이 길거리에서 쏘나타만 봐도 "어! 이거 우리 차였어!"라고 이야기할 테죠.

공감이 돼요. 쏘나타와 함께 성장했다고 느끼는 순간이 있나요?

민수 쏘나타와 함께 부부가 되고, 두 아이의 아빠가 되었어요. 이 차에서 애들이 토도 하고, 과자를 엎어서 매트도 갈아보고 하면서 말이죠. 제가 뒷자리에 타던 아이였는데, 어느덧 저도 앞자리 운전석에 앉아 아이들을 케어하는 부모가 되었어요. 쏘나타랑 같이 큰 거죠. 이러면서 저도 서서히 성장하고 있는 과정이 아닐까 싶어요.

지윤 "쏘나타가 아니었으면 과연 이런 취미 생활을 했을까?" 하는 생각이 들어요. 만약에 다른 차를 샀다면, 내가 이쪽에 관심을 가지게 됐을까, 동호회 활동까지 했을까 싶죠. 쏘나타를 타게 되면서, 원래도 밝은 성격이긴 하지만 더 밝아진 것 같아요. 이제 이 취미가 제 삶의 일부, 어쩌면 '제2의 인생'이 된 것 같아요.

오늘 대화를 통해 동호회가 단순한 모임을 넘어 쏘나타만의 고유한 문화를 창조해 나간다고 느껴져요. 쏘나타와 함께 어떤 라이프스타일을 즐기고 싶으신지 말씀해 주세요.

지윤 만약 다음 모델이 나온다면 미련 없이, 고민도 없이 또 쏘나타를 탈 것 같아요. 기분 좋게요. 신형이 나오면 똑같이 꾸미면서 제 개인적인 만족을 느끼고 싶어요. 아이들이 특히 좋아해요. 오히려 아내보다 아이들한테 더 자주 들키기도 해요. "어? 아빠 이거 타이어 바꿨네?", "어, 아빠 이거 색깔이 바뀌었네. 밝아졌어!" 이렇게요. 같이 어디 갈 때마다 더 신나하고요.

민수 저에게 쏘나타는 단순한 탈것이 아니라, 부모님 세대부터 이어져 온 '기억의 상징' 같은 존재입니다. 처음엔 부모님의 차였고, 저를 거쳐 언젠가 제 아이들도 이 차를 자연스럽게 경험하게 되지 않을까 하는 생각이 들어요. 그런 의미에서 이 소중한 연결이 끊기지 않으면 좋겠다는 바람이 있습니다. 지금 제가 타고 있는 쏘나타는 벌써 20년이 넘었지만, 여전히 힘차게 달리고 있거든요. 그래서 저는 늘 '멈출 때까지, 퍼질 때까지 함께하자.'라는 마음으로 이 차를 아끼며 타고 있어요. 이 차와 함께한 시간이, 훗날 우리 아이들의 기억 속에도 따뜻한 추억으로 남았으면 좋겠습니다.

What long history

오랜 시간이 증명해 낸 것

관계의 깊이는 문득 느껴진다. 함께한 시간이 차곡차곡 쌓이고, 남겨진 흔적을 되짚다 보면, 얼마나 많은 순간을 함께했는지 비로소 깨닫게 된다. 늘 곁에 있어 그 존재가 자명하게 느껴지는 이들은, 지금을 지탱하는 든든한 버팀목이 되어 준다. 스텔라로 시작된 첫 만남은 쏘나타로 이어졌고, 현대자동차는 오랜 친구처럼 곁에 머물러 왔다. 함께한 순간들을 헤아리며, 앞으로 현대자동차와 걸어갈 미래를 그려본다.

글 지정현

has proven

쏘나타 세대별 디자인 변천사

추억을 담고,
미래를 연 자동차

한국 최초의 대량 양산형 고유 모델 포니 이후 펼쳐진 자가용의 시대. 사람들은 자동차가 선사하는 행복을 가까운 이들과 함께 나누고 싶었다. 자동차 밖에서 맺은 소중한 인연을 이동의 순간까지 이어가고자 하는 바람. 우리 앞에 모습을 드러낸 스텔라에는 누군가와 함께 달리고픈 마음이 담겨 있었다. 넓은 좌석에 나란히 앉아 어깨를 맞대고 떠났던 가족여행의 소중한 추억. 긴 여정을 달래며 간식을 나눠 먹고, 휙휙 바뀌는 창밖 풍경을 바라보던 시간 속에서 스텔라는 '우리'로 움직인다는 풋풋한 기쁨과 설렘이었다.

더 많은 사람에게 차의 기쁨을 전하고, 혁신적인 기술과 최신 사양을 합리적인 가격에 제공하고자 했던 현대자동차의 바람이 스텔라에 녹아있었다. 가족의 화목을 싣고, 미래에 대한 희망으로 가득 찼던 1980년대를 달렸다. 크고 넓은 차를 통해 행복의 총량을 키워가던 그 시기,

현대자동차는 더 큰 도약을 준비하고 있었다. 스텔라의 철학을 이어받은 쏘나타는 국내 중형 세단 시장의 최전선을 달리며, 현대자동차의 혁신을 입증해야 하는 기대와 운명을 함께 짊어졌다. 혁신은 늘 새로워야 했기에, 쏘나타는 과거를 답습하지 않았다. 매번 얼굴을 바꾸고, 내부도 새롭게 채웠다. 현대자동차의 최신 기술을 쏘나타를 통해 선보였고, 쏘나타는 곧 쇼케이스이자 얼굴이었다. 독자 개발 능력을 입증한 세타 엔진과 독자 개발한 병렬형 하이브리드 시스템 또한 쏘나타에서 처음 등장했다. 디지털 키와 같은 첨단 IT 사양처럼, 지금은 보편화된 시스템들도 마찬가지다. 쏘나타는 세대마다 진화를 거듭하며 스스로를 증명했고, 동시에 현대자동차의 다른 모델들이 나아갈 방향을 제시하는 가이드라인이 됐다.

누군가의 동승을
고려하는 일

자동차는 삶을 직접적으로 바꿔주는 물건이다. 사람들로 북적이던 출근길은 집중의 시간으로, 나가기 싫던 짓궂은 날씨는 오히려 운치를 즐기는 순간으로 바뀐다. 품이 많이 들어 망설이던 여행도, 운전석에 올라타는 순간 어디부터 둘러볼지 고민하게 된다. 자가용이 생기며 달라진 장면들은 어느새 일상의 일부가 되어, 우리의 라이프스타일을 재정의했다.

자동차가 보편화되던 시절, 스텔라와 쏘나타는 삶의 반경을 차츰 넓혀갔다. 자유를 누리던 청춘이 비틀거리며 귀가하던 밤, 잠시 몸을 기대는 택시가 되었고, 놀러 가자며 조르던 아이에게 차에 타라고 말할 수 있는 가장의 자부심이 되었다. 그렇게 삶의 결을 조금씩 바꿔 나갔고, 자동차가 닿는 일상의 범위는 더욱 촘촘해지며, 익숙한 풍경을 서서히 변화시켰다.

스텔라와 쏘나타가 우리에게 준 가장 큰 선물은 '동승자'였다. 사람들은 관계라는 이름으로 묶인 이들과 함께 더 멀리 떠났고, 앞좌석에서는 이제 막 영글기 시작한 사랑을 속삭이며 미래를 그렸다. 명절에 시골로 향하는 길도, 큰맘 먹고 떠나던 여행도, 스텔라와 쏘나타가 있었기에 가족과 함께할 수 있었다. 시간이 흘러, 가족의 차는 자녀의 자가용이 되었고, 핸들에 밴 손때처럼 부모의 사랑을 느끼며 앞으로 나아갔다. 스텔라와 쏘나타가 일깨워 준 '함께'의 가치는 현대자동차 개발의 기본 철학이 되어, 대형 세단과 SUV 같은 현대자동차의 다른 모델로 계속해서 이어지고 있다.

우리의 다음 여정을 위해

이동 방식은 진화한다. 자율주행과 전동화의 시대가 도래한 것처럼, '모빌리티'라 불리는 개념은 단순히 땅 위를 달리는 자동차를 넘어, 본질적인 차원에서 새롭게 변모해 갈 것이다. 현대자동차는 다가올 미래를 상상하며, 끊임없이 이동의 개념을 재정의하고 있다. 그리고 그 중심에는 언제나 '사람'이 있다. 스텔라와 쏘나타가 그랬듯, 앞으로도 우리의 곁에서 자리를 지키며 함께 살아갈 수 있는 모습을 그려간다.

하늘을 나는 이동 수단 AAM(Advanced Air Mobility), 이동의 개념을 사물로까지 확장한 로보틱스와 AI, 자율주행과 재생에너지, 그리고 스마트시티까지. 현대자동차는 자동차를 넘어, '이동'의 범위를 삶 전체로 확장하며 미래를 설계하고 있다. 하늘을 길 삼아 이동하는 시대가 오면, 우리는 입체적으로 움직일 수 있게 되며 모빌리티를 향유하는 방식 또한 달라질 것이다. AI와 로보틱스는 이동에 기반한 노동을 한층 수월하게 만들고, 여가 시간의 밀도와 가치는 그만큼 높아진다. 그리고 스마트시티는 이 모든 이동 기술이 유기적으로 연결되는 공

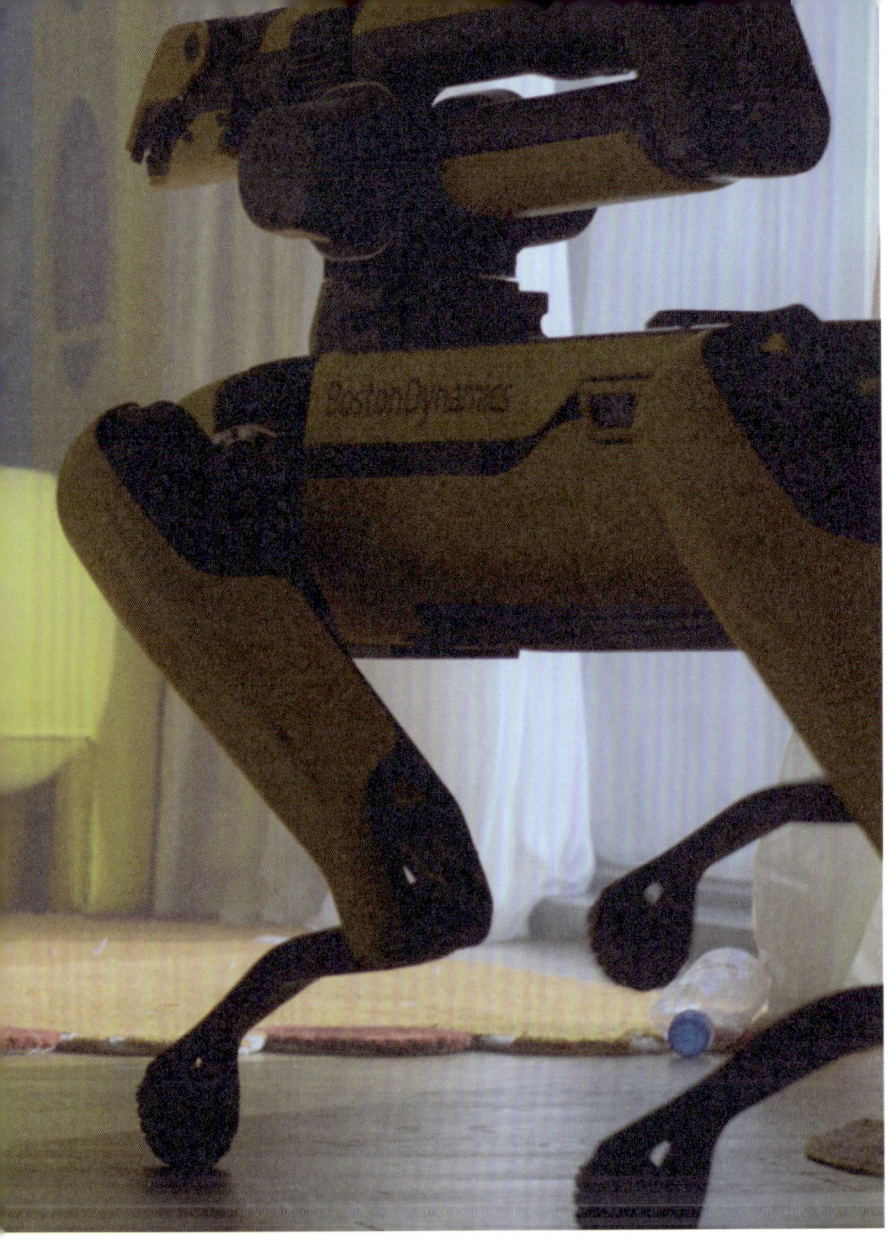

간으로, 새로운 라이프스타일이 펼쳐지는 역동적인 도시가 될 것이다.

모빌리티는 나날이 일상 깊숙이 스며들며, '누구와 어떻게 연결되어 있는가'가 더욱 중요해지고 있기에, 미래의 모빌리티는 지금과는 사뭇 다른 모습을 띠게 될 것이다. 이동은 이제 단순히 출발지와 목적지를 잇는 기능을 넘어, 함께 나누고 살아가는 삶의 방식으로 자연스럽게 확장되고 있다. 스텔라와 쏘나타가 그러했듯, 현대자동차가 그려온 이동의 풍경은 '더 나은 일상을 함께 공유하고자 하는 바람'에서 출발했다.

이제 또 다른 미래의 문을 열어가려는 지금, 현대자동차가 다시 스텔라와 쏘나타를 바라보는 이유는 사람과 사람 사이, 기술과 일상의 거리를 좁히고자 했던 그 정신이 여전히 유효하기 때문이다. 기술은 언제나 사람을 향해야 하며, 모든 진보는 사람의 경험을 위한 것이어야 한다는 현대자동차의 믿음은 변치 않는다.

오래된 관계가 쌓은 믿음

우리는 살면서 얼마나 많은 관계를 맺을까. 인간은 사회적 동물이라는 아리스토텔레스의 말처럼, 관계는 우리를 정의하는 데 있어 불가분한 단어다. 사람은 혼자 살아갈 수 없다. 두 발로 서서 지구를 걷기로 마음먹은 이상, 새로운 누군가를 만나고, 관계를 맺으며 나라는 존재를 계속 조립해야 한다. 인생은 미래에 대한 걱정을 지우기 위해, 나를 기다리는 타인을 찾아 달려 나가는 여정일지도 모른다. 그래서 살아간다는 건, 때론 지난하다.

그럼에도, 두려움 없이 땅을 박찰 수 있는 건 지금의 나를 지탱해 준 오래된 관계가 있기 때문이다. 세상에 눈을 떠서 처음 마주한 부모님, 가족이란 울타리 안에서 함께 자란 형제자매. 고된 시절을 함께한 친구와 서툰 신입 사원을 이끌어준 선배 등 기념비를 세워 마땅한 순간에 자리한 이름들. 신뢰로 엮인 단단한 고리 탓에 소중함을 잊곤 하지만, 앞날이 두려워 뒤를 보면 언제나 자리하고 있는 사람들. 그들이 있어 새로운 관계와 미래를 향해 내디딜 수 있다.

쏘나타는 40년이라는 시간 동안 하나의 이름으로 우리 곁을 지켜왔다. 시대에 따라 모습을 달리하며, 마주한 순간마다 다른 방식으로 관계를 맺어온 차. 어떤 모습이건, 최초의 순간부터 오늘까지 함께하고 있다는 사실은 변함없다. 현대자동차에게도 스텔라와 쏘나타는 고난과 극복의 시간을 함께한 친구이자, 오늘의 자리에 함께 도달한 든든한 동료다. 미래 모빌리티 시대로 접어든 지금, 현대자동차는 언제나 나란히 달려온 자부심을 떠올린다. 그 자리엔, 오랜 시간 현대자동차와 사람들을 이어온 스텔라와 쏘나타가 있다. 반가운 표정처럼 헤드라이트를 반짝이며, 오늘도 함께 달릴 준비를 마친 채, 새로운 시대의 출발선에 서 있다.

Hyundai Motor Company
RETRACE

Hyundai Motor Company

발행인
장재훈

발행
현대자동차

총괄 기획
지성원

사료 수집 및 컨텐츠 개발
김주미 강봉조 이진아 권혜린 송현주 김병국 권규혁

디자인 가이드
장영 정조영 이득규 고민지

사료 출처
현대자동차 아카이브

Contributor

에디터
나윤석 박한빛누리 송재은 이동희 이의성 이주연
전혜연 정우성 지정현

포토그래퍼
스튜디오 소설

일러스트레이터
권규혁 네르 신연철

AROUND

제작
어라운드

편집장
김이경

컨텐츠 기획 및 편집
하나 정현지 최하은

디자인
스튜디오 고민

교정교열
기인선

인쇄
으뜸프로세스